HERMES

在古希腊神话中，赫耳墨斯是宙斯和迈亚的儿子，奥林波斯神们的信使，道路与边界之神，睡眠与梦想之神，亡灵的引导者，演说者、商人、小偷、旅者和牧人的保护神……

西方传统　经典与解释　**HERMES**
Classici et Commentarii

政治史学丛编

刘小枫 ● 主编

伊丽莎白时代的世界图景

The Elizabethan World Picture

［英］蒂利亚德 E. M. W. Tillyard ｜ 著

裴　云 ｜ 译

华夏出版社

古典教育基金·"传德"资助项目

"政治史学丛编"出版说明

古老的文明共同体都有自己的史书，但史书不等于如今的"史学"——无论《史记》《史通》还是《文史通义》，都不是现代意义上的史学。严格来讲，史学是现代学科，即基于现代西方实证知识原则的考据性学科。现代的史学分工很细，甚至人文-社会科学的种种主题都可以形成自己的专门史，所谓的各类通史，实际上也是一种专门史。

不过，现代史学的奠基人兰克并非以考索史实或考订文献为尚，反倒认为，"史学根本不能提供任何人都不会怀疑其真实性的可靠处方"。史学固然需要探究史实、考订史料，但这仅仅是史学的基础。史学的目的是通过探究历史事件的起因和前提、形成过程和演变方向、各种人世力量与事件过程的复杂交织，以及事件的结果和影响，像探究自然界奥秘的自然科学一样，去"寻求生命最深层、最秘密的涌动"。根本而言，兰克的史学观还带有古典色彩，即认为史学是一种政治科学，或者说，政治科学应该基于史学，因为，"没有对过去时代所发生的事情的认知"，政治科学就不可能。亚里士多德已经说过，"涉及人的行为的纪事""对于了解政治事务"有益（《修辞术》1360a36）。正如施特劳斯在谈到古代史书时所说：

> 政治史学的主题是重大的公众性主题。政治史学要求

> 这一重大的公众性主题唤起一种重大的公众性回应。政治史学属于一种许多人参与其中的政治生活。它属于一种共和式政治生活，属于城邦。（施特劳斯，《修昔底德：政治史的意义》）

兰克开创的现代史学本质上仍然是政治史学，其品质与专门化史学截然不同，后者乃19世纪后期以来受实证主义思想以及人类学、社会学等学科影响而形成。在古代，史书向来与国家的政治生活维系在一起，现代史学主流虽然是实证式的，但政治史学的脉动并未止息，其基本品格是关切人世生活中的各种重大政治问题——无论这些问题出现在古代还是现代。

本丛编聚焦于16世纪以来的西方政治史学传统，译介20世纪以来的研究成果与迻译近代以来的历代原典并重，为我国学界深入认识西方尽绵薄之力。

刘小枫

2017年春

古典文明研究工作坊

目 录

译者说明 …………………………………………… 1

伊丽莎白时代的世界图景 ………………………… 1

自 序 ………………………………………………… 2
第一章 引 言 ……………………………………… 6
第二章 秩 序 ……………………………………… 15
第三章 原 罪 ……………………………………… 26
第四章 存在之链 …………………………………… 36
第五章 存在之链上的环 …………………………… 53
   1 天使和苍穹 ………………………………… 53
   2 星体与命运 ………………………………… 73
   3 元素 ………………………………………… 83
   4 人 …………………………………………… 89
   5 动物、植物与金属 ………………………… 106

2 伊丽莎白时代的世界图景

第六章　对应的平面 ······················ 111
第七章　对　应 ······························ 116
　　1　天之能量和其他创造 ··········· 116
　　2　"大宇宙"和政治身体 ········· 117
　　3　"大""小"宇宙 ·················· 121
　　4　政治身体与"小宇宙" ········· 125
　　5　总体意义 ··························· 132
第八章　宇宙舞蹈 ··························· 134
第九章　后　记 ······························ 143

英格兰文艺复兴：事实还是虚构？ ······ 147

前　言 ·· 148
第一章　文艺复兴 ··························· 149
第二章　抒情诗 ······························ 174
第三章　批　评 ······························ 205
第四章　史　诗 ······························ 222
后　记 ·· 235

神话与英式思维（节选） ················ 239

前　言 ·· 240
第一章　导　言 ······························ 241
　　1　什么是神话？ ····················· 241

2　神话与文学 …………………………………… 245

第三章　两个都铎神话 …………………………………… 251
　1　前　言 …………………………………… 251
　2　血统的神话 …………………………………… 252
　3　天定神话 …………………………………… 258

译者说明

1943年,蒂利亚德(E. M. W. Tillyard, 1889—1962)的《伊丽莎白时代的世界图景》(*The Elizabethan World Picture*)由伦敦著名出版商"查托与温达斯"(Chatto & Windus)出版。时至今日,它仍旧再版,且被引用,显示了强大的生命力,是继洛夫乔伊(A. O. Lovejoy)的《存在巨链》(*The Great Chain of Being*, 1936)之后,英国思想史研究中具有重要意义的著作。此书言简意赅,描绘了伊丽莎白时代的人如何看待世界和人,论述中既有整体架构,也有细节描述。全书的精髓在于用"一个存在巨链、一个对应平面和宇宙舞蹈"建构起伊丽莎白时代的人看世界的系统,在这个框架内讨论他们眼中的世界秩序、人的位置以及人和世界的联动。其中诸多论述对后世读者和相关研究产生了深远影响。我国已故外国文学研究专家胡家峦先生的《历史的星空》(2001)中就多次引用该书内容。

然而,这样一部有影响的著作问世之初却伴随着争议。本次编译的《伊丽莎白时代的世界图景》和《英格兰文艺复兴：事实还是虚构？》的全书，以及《神话与英式思维》的部分章节，即是围绕部分争议所选。

伊丽莎白时代的世界图景基本延续了中世纪看世界和人的传统，在个别地方有所取舍。这是贯穿《伊丽莎白时代的世界图景》的主要论点。相当一部分评论认为，书中论述内容的选取有偏颇，并不能较为完整地呈现时代的面貌，主要缺陷在于缺乏对时代涌现的新思潮的追溯。署名为阿德洛特（Frank Aydelotte）的作者在书评中虽然肯定了蒂利亚德对伊丽莎白时代的哲学与思想的描摹，但明确指出他对17世纪重要的科学和神学的理论演进缺乏必要的了解，而相比之下，洛夫乔伊和斯宾塞（Theodore Spencer）的著作在这方面更有建树。[①]

持类似批评观点的还有同为文艺复兴学者的克莱格（Hardin Craig）。[②] 他认为"存在之链上的环"和"对应"这两部分内容是《伊丽莎白时代的世界图景》中的最佳部分，而书中突出体现的问题是引证文献范围偏窄，虽然较好地呈现了波埃修斯（Boethius, circa AD 480—524）、尼默修斯（Nemesius, 公元4世纪）、狄奥尼修斯（Dionysius Areopagitica, 公元5世纪）、蒙田（Montaigne, 1533—1592）、雷利（Sir Walter Raleigh, 1552—1618）、埃利奥特（Sir Thomas Elyot, 1490—1546）

---

① Frank Aydelotte, "Review of *The Elizabethan World Picture*," *The American Historical Review*, Vol. 50, No. 1 (Oct., 1944), pp. 112 – 113。其中提到的斯宾塞是美国诗人、学者，代表作是1942年出版的讲座结集《莎士比亚和人类本性》（Shakespeare and the Nature of Man）。

② Hardin Craig, "Review of *The Elizabethan World Picture*," *College English*, Vol. 6, No. 4 (Jan., 1945), pp. 236 – 238。

等人的著作，但体现出作者对普林尼（Pliny，23—79）、盖伦（Galen，130—210）、普鲁塔克（Plutarch，46—127）等古人的著作了解不够。同时，蒂利亚德也没有涉及一些对现代思潮兴起和发展有重要影响的思想家，例如斐奇诺（Ficino，1433—1499）、皮科（Pico，1363—1494）、庞达诺（Pontano，1426—1503）、阿格里帕（Cornelius Agrippa，1486—1535）和晚期的弗洛德（Robert Fludd，1574—1637）等。

著名莎士比亚研究专家、企鹅版莎士比亚经典系列编辑哈里森（G. B. Harrison）同样对蒂利亚德引证文献提出质疑，[①]他认为还应该考量伊丽莎白时代的一些具有代表意义的作家，例如纳什（Thomas Nashe，1567—1601）、海顿（Christopher Heydon，1561—1623）、布莱特（Timothy Bright，1551？—1615）等，而广为人知的作家中，培根（Francis Bacon，1561—1626）、马斯顿（John Marston，1576—1634），以及查普曼（George Chapman，1559—1634）等也并未被详细论述。

这些评论突出显示出，在不同时代观念的比较研究中，选材是持久难题。《伊丽莎白时代的世界图景》这本书的篇幅不大，一定程度上决定了该书无法涵盖所有思潮，而蒂利亚德选取的材料集中论证了伊丽莎白时代的思想与中世纪思想之间的关联，因此有关时代新思潮的追溯并不是重点。但是书出版后的争议也让他反思。于是1950—1951年间，蒂利亚德在约翰·霍普金斯大学（John Hopkins University）的特恩布尔纪念讲座（the Turnbull Memorial Lectures）中，以"究竟是否存在英格兰的文艺复兴"为话

[①] G. B. Harrison, 'Review of *The Elizabethan World Picture*,' *The Review of English Studies*, Vol. 20, No. 77 (Jan., 1944), pp. 71–73.

题,部分回应了争议。讲座取名《英格兰文艺复兴——事实还是虚构》(*The English Renaissance, Fact Or Fiction?*),于 1952 年出版。他自己在讲座中承认,先前的作品过于强调伊丽莎白时代与之前时代的相同之处,可能会误导读者,因此他用相当的篇幅追溯了文艺复兴的"新学",侧重讲评伊丽莎白时代对新学的吸收,并由此体现出与中世纪的不同之处。在这本书中,蒂利亚德选取文学作为切入点,分三种体裁——抒情诗、批评和史诗,梳理了伊丽莎白时代的文学对之前时代的选择性吸收与革新,与《伊丽莎白时代的世界图景》相呼应与比对。

围绕《伊丽莎白时代的世界图景》的第二个争议聚焦于研究方法层面。上文提到的同期评论中,哈里森在评论的最后简要分析了蒂利亚德研究思路的局限,认为后者并没有考虑文本的社会语境,例如:莎士比亚有关"纪律"的论述,其实与剧作家所处的时代有重大关联。莎士比亚之前的一个世纪,英国长期内战。伊丽莎白女王去世后,人们担心会回到之前的连年战乱中,因此极度渴望秩序。而蒂利亚德的论述只是追溯了这种渴望与中世纪追求秩序的关联,并未考虑剧作的历史社会背景。哈里森的批评,实际上展现了英国思想史研究发展史中重要的、关于语境的方法论纷争。

一般认为,当前的思想史研究(intellectual history)有别于 20 世纪早期以洛夫乔伊为主要代表的观念史研究(history of ideas)。《存在巨链》的概论中,洛夫乔伊论述了观念史研究中单元概念(unit-idea)研究的必要性和方法。他指出西方思想体系层层分解,都可以追踪到最基本的组成成分——单元概念。单元概念为各种思想体系共有,但区分这些体系的只是它们组成方式的不同而已。每个个体或者时代都存在无意识的思维习惯，或说假定（assumptions），这些假定影响着个体或时代思想的方方面面。研究者应区分这些单元概念，清除其中任何模糊含义，追溯其产生、发展、相互影响的过程。具体方法上，洛夫乔伊主张以时代而非国籍、语言等作为划分的界限，研究大的群体的思维，关注大范围传播并产生影响的观念。①

对照洛夫乔伊的论述来看，《伊丽莎白时代的世界图景》更倾向于观念史研究。蒂利亚德也在注释中承认洛夫乔伊对他的影响之深。蒂利亚德的"世界图景"包含了多个单元概念，例如秩序、丰饶、对应等。书中以中世纪和伊丽莎白时代作为划分界限，比照两个时代中这些单元概念的传承、取舍和演进。其中，蒂利亚德多次强调他研究的是时代中只要受过教育的人都持有的观念，而非时代的先锋思想。

到了20世纪60、70年代，观念史研究遭受了来自思想史研究的剑桥学派（Cambridge school of intellectual history）的严峻挑战。这个学派的代表人物有拉斯莱特（Peter Laslett, 1915—2001）、波考克（J. G. A. Pocock, 1924—）、斯金纳（Quentin Skinner, 1940—）、邓恩（John Dunn, 1940—）等。他们都曾求学或执教于剑桥大学，研究领域大都是政治思想史。拉斯莱特主攻洛克（John Locke）研究，波考克的建树主要在古代宪制研究领域，斯金纳在重新挖掘霍布斯（Thomas Hobbes）的同时，出版了《现代政治思想的基础》（*The Foundations of Modern Po-*

---

① Arthur O. Lovejoy, *The Great Chain of Being: A Study of the History of an Idea* (Cambridge, Massachusetts: 1936). 尤其是页3－23的概论。洛夫乔伊思想研究的中文简介可参考姜静，《拉夫乔伊观念史思想探析》，《史学理论研究》，2013年第1期，页46－52。

litical Thought，1978）。观念史聚焦某个抽象概念的由来和发展，而思想史强调将观念置于产生这种观念的语境下（context）。

受剑桥学派政治思想史研究方法的启发，20 世纪 70、80 年代也出现社会史（social history）、文化史（cultural history）等研究。在此有必要援引罗伯逊（John Robertson）对观念史和思想史区别的简述：

> "观念史"的研究对象是抽象概念，观念史学家虽然也看到了承载观念的文本和文本作者，并将所研究的观念与特定思想家联系在一起，但他们所关注的是思想本身，至于思想产生的环境和思想家的具体关切则退居次席。与此相反，"思想史"研究的是历史中的人类活动，其研究方式与政治史、经济史并无二致。这里的观念不再被当作抽象之物来对待，而是将更多的研究精力聚焦于提出观念的人以及他们所处的环境。因此，"思想史"关注的是思想家和文本作者的主体行为，即他们是谁、他们是如何论证自己观点的，以及为什么选择这些观点而不是其他的观点。①

随着思想史研究方法和理念的流行，蒂利亚德的一系列论述被重新检视。不单《伊丽莎白时代的世界图景》，还有《莎士比亚的历史剧》（*Shakespeare's History Plays*，1944）都受到了批判。《莎士比亚——历史的戏剧》（*Shakespeare, the Play of History*，1987）中，著者之一霍德尼斯（Graham Holderness）评述认为，所谓的"伊丽莎白世界图景"不过是虚构，它成

---

① 约翰·罗伯逊，《1950 到 2017 年的英国思想史：剑桥学派的贡献》，关依然译，周保巍校，《浙江学刊》，2018 年第 1 期，页 148 - 155。

于二战后期,更多体现的不是文艺复兴时期的文化和社会,而是战争年代中对秩序的渴望,因此它强调这一时期的思想体系中的"秩序""纪律"和条分缕析的"存在之链"。①

同时,多年来数位学者的研究展示了伊丽莎白时代的各种冲突,揭示了当时社会中,蒂利亚德所论述的"秩序"其实已经受到严峻挑战。斯通(Lawrence Stone)在《王权的危机:1558—1641》(*The Crisis of the Aristocracy 1558-1641*,1965)中就力证伊丽莎白时期社会阶层的流动性是在19、20世纪之前所有时期中最高的。② 马塔兰(H. W. Matalene)评述道,蒂利亚德试图让读者忘记,伊丽莎白时期的历史实际上充满了宗教冲突,政治和经济不稳定,最终走向了内战(1642 - 1651),时任国王查尔斯一世被砍头。③ 甚至有学者认为蒂利亚德的研究有着浓厚的精英倾向,崇尚等级、秩序、权威,谴责反抗与动乱,为当时社会现状找合理化解读,为统治阶级意识形态服务。④

---

① Graham Holderness, Nick Potter and John Turner, *Shakespeare: The Play of History* (London: Macmillan, 1987), p. 15.

② Lawrence Stone, *The Crisis of the Aristocracy* 1558 - 1641 (Oxford: Oxford University Press, 1965), p. 36.

③ H. W. Matalene, "Distressed Literature: The Antiquing of the Classics," *College English*, Vol 50 (6), 1988, pp. 623 - 634 (629).

④ 详见 J. W Lever, "Shakespeare and the Ideas of His Time," *Shakespeare Survey* 29 (1976), pp. 79 - 91; Michael Bristol, "Macbeth the Philosopher: Rethinking Context," *New Literary History*, Vol. 42, No. 4, Context? (2011), pp. 641 - 662; 以及 Ben Ross Schneider, Jr. and Edward Pechter, "The New Historicism," *PMLA*, Vol. 103, No. 1 (Jan., 1988), pp. 60 - 62.

《伊丽莎白时代的世界图景》在出版后的数十年间被多次作为关键文献反复加以评述,正说明了该书的重要地位。蒂利亚德的批评视野在今天看来仍然是具有开创意义的,它不同于后来的修正主义。① 时至今日,《伊丽莎白时代的世界图景》仍然拥有众多读者。首版之后,该书于1944年由麦克米伦出版社(Macmillan)在美国出国。此后不断重印,目前仍然在售。即便是在蒂利亚德受负面批评最为激烈的20世纪80年代,《诺顿英国文学选集》(Norton Anthology of English Literature)的第5版仍旧把该书列为了解伊丽莎白时代的重要论述,认为它简洁、有影响力,是基础性的读物,虽然有过度简化的嫌疑,但可为17世纪科学视角的发展过程提供注脚。②

争议声音大量出现,已是在蒂利亚德身后了,而他在研究生涯的后期,也曾引入文本语境来丰富之前的研究。早前在《伊丽莎白时代的世界图景》中,蒂利亚德论述伊丽莎白时代的人们将伊丽莎白女王视为具有至高无上地位的"宗动天"(primum mobile),但他生成这个结论依赖的是"存在巨链"和宇宙运行等体系,并没有深入挖掘当时的社会历史现实,并且如前面提到的评论所言,论述掩盖了伊丽莎白时代社会中的冲突与动荡。

这个缺憾在1961年出版的《英国文学的神话元素》(Some Mythical Elements in English Literature)中得到部分弥补。该书原

---

① Peter Lake, "From Revisionist to Royalist History; or, Was Charles I the First Whig Historian," *Huntington Library Quarterly*, Vol. 78, No. 4 (Winter 2015), pp. 657–681 (678).

② M. H. Abrams, *The Norton Anthology of English Literature*. 5th ed. 2 vols (New York: Norton, 1986), Vol. 1 p. 2558.

为蒂利亚德1959—1960年间在剑桥圣三一学院（Trinity College Cambridge）的"克拉克系列讲座"（the Clark Lectures）的讲稿合集。1962年在美国面世的版本取名为《神话与英式思维》（*Myth and the English Mind*）。书中主要探索不同时代的英国文学如何仰仗、使用并制造神话。为切题的需要，本书选译第一章导言和与伊丽莎白时代密切相关的第三章。第三章结合历史背景，论述了"都铎王朝的统治者们为天选之人"的神话，为当时人们对伊丽莎白女王的迷信提供注解，可视为对20年前出版的《伊丽莎白时代的世界图景》珍贵的补充和发展。

此次编译选取以上三部关联紧密的作品，将有助于把蒂利亚德对伊丽莎白时代的思想的论述及其发展脉络展现给读者，相对完整地还原论述的面貌。我们也可以借助这些文本回溯思想史研究中曾经历的方法论上的重要节点。《伊丽莎白时代的图景》曾是历史语境主义批判的对象，但是近年来逐渐呈现出观念史研究的回潮。阿米蒂奇（David Armitage）在2012年发表的《什么是大观念？思想史与长时段》（What's the Big Idea? Intellectual History and the Longue Durée）一文中敏锐地察觉到了思想史研究者重新关注长时段的现象，呼吁学者研究过去大概三百年间对人类社会政治、伦理和科学的发展起到重要作用的"大观念"。同时，在语境的考量上，提倡将语境主义者特别关注的某个特定时期的语境关联起来，建构更大范围的历史。① 国内学者张旭鹏总结道：在全球化日益深入的当下，

---

① David Armitage, "What's the Big Idea? Intellectual History and the Longue Durée," *History of European Ideas*, 38: 4, pp. 493 – 507（498 – 499）.

思想观念跨越边界的现象非常普遍。观念史的回潮并不是简单回归到以前的方法，而是借鉴它长时段、跨语境、跨民族的方法和论述。① 在这样的背景下，译介《伊丽莎白时代的世界图景》等书具有更加丰富的意义。

最后需要说明一点：书中大量使用伊丽莎白时期的著作进行引证，相当一部分引文并没有中文译本，它们具有较高的参考价值，为中世纪和伊丽莎白时代的研究者提供了搜索的线索。对已有中译的引文，本书选择转引中译、标注出版信息，以便于读者按图索骥，延展阅读。

裴 云

2019 年 11 月

---

① 张旭鹏，《观念史的过去与未来：价值与批判》，《武汉大学学报》（哲学社会科学版），71（2），页 65－72。

伊丽莎白时代的世界图景

自　序

　　这本小书衍生自我另一个稍大的、评述莎士比亚历史剧的计划。① 在研究过程中，我的结论是，如果不参考当时对秩序的看法这一背景去评判，那么剧中描述的内战和混乱景象是没有任何意义的。我在那本书的第一章就写了背景。写完之后，发现适用于莎士比亚历史剧的背景，也适用于他的其他剧目，并且还大致适用于伊丽莎白时代的文学。我还发现，我所描述的秩序不仅仅是政治秩序，或者说，即便是政治秩序，也总是更大的世界秩序的一部分。后来，我又进一步发现，伊丽莎白时代的人们从三个方面看待整个世界秩序：一个链条、一套对应体系和一种舞蹈。这个内容含量，一本专攻莎士比亚历史剧的书中的一章就容纳不下了，应该专门写一写。

　　这个世界秩序是当时真正起支配作用的思想之一，可能也最具特色。这些思想，就像我们的日常一样，没有人去争论，在时代的文学中也不被大肆宣扬。维多利亚时代的人们信仰自立（self-help）的美德，但我们却不认为丁尼生（Tennyson）

---

　　① ［译注］即 *Shakespeare's History Plays*. London: Chatto & Windus 1944。该书现行中译本：牟芳芳译，《莎士比亚的历史剧》（北京：华夏出版社，2016）。

的诗或艾略特（George Eliot）的小说突出体现了这个美德，因为他们都把自立当成再自然不过的。当然了，如果头脑中想着自立的美德去读二人的作品，就会发现许多可以印证这个思想的细节。不考虑自立的美德，也会让我们较难理解这两个作家。本书主要写普通的、受过教育的伊丽莎白时代的人，他们对世界和人的一些寻常看法。这些看法在当时普遍存在，除了一些明显说教的片段之外，诗人们不会特意书写它，但这些看法不可或缺，是基本假定，在重要的时刻有着无法衡量的价值。莎士比亚在《裘力斯·恺撒》（*Julius Caesar*）中让勃鲁托斯（Brutus）把人和小国作比，就是略带提及了这些看法中的一个。人与国或者"政治身体"（body politic）的比较是伊丽莎白时代的人根深蒂固的想法，就像维多利亚时代的人如何看待自立的美德一样。

我的目的是提炼并阐释伊丽莎白时代中最普遍的对世界的看法，借以帮助普通读者理解并欣赏那个时代的伟大作家们。做这件事的时候，我无意间集结了很多在别处没有被汇集起来的基本知识，也让这本书可以为分析斯宾塞（Spenser）、多恩（Donne）和弥尔顿（Milton）提供便捷的事实参考。

大部分的时候，我主要做讲解，有时也推论，也描述一种想法如何进入当时的文学。因为本书是为普通读者而不是为专家所写，所以在描述中，我用了知名作家的例子。但同时，需要列出某些特定思想的时候，我也没有回避那些冷门作家的作品。不可能总是把对文学的描述和对基本思想的阐释区分开来，所以读者会看到莎士比亚或者弥尔顿的作品被用来阐明一种思想，同时又例证诗歌如何利用这个思想，大家不必惊讶。

需要告诉读者，书中的一些阐释只是粗略描述，因为这样一本小书不可能记录各种看待世界构成的观点。我尽力选取最普遍与流行的。如果研究这个时期的专家读到此书，我希望他能认同我选的是在当时足够普遍的思想，并没有落下什么。

遗憾的是，我所写的虽然为伊丽莎白时代的人所熟知，但现代人还是不大熟悉。大家知道一部分，比如四种体液（humour）说，甚至对它有深入的了解。而另一部分，比如"存在巨链"（vast chain of being），普通读者可能就不知道。比例对写简本来说很重要。我不能以读者对话题的熟悉程度来决定重点写哪部分。重要事情一定占据重要的位置。如果我写陈旧的事物像是在写新鲜的，或者写无名的事物仿佛在写知名的，那是因为我要保留它们在伊丽莎白时代人们眼中的比例。

考虑到普通读者的方便，我在引用的时候已经使用了当代拼写和标点，但弥尔顿除外。他非常注重这些细节，同时，保留他的原文也不会让人读不懂。

有时我使用"伊丽莎白时代"这个词，取的是宽泛含义，大致指英格兰文艺复兴涵盖的所有时期，从亨利八世（Henry VIII）到查理一世（Charles I）都可以说遵从了伊丽莎白时代的思想。

在此感谢一些朋友，他们给了我提醒，免得我遗漏内容。其中有纽纳姆学院（Newnham College）的维斯佛德（E. E. H. Welsford, M. A.）女士；格顿学院（Girton College）毕业的弗里曼（R. Freeman）博士，她现为伯贝克学院（Birkbeck College）的讲师；在剑桥圣三一学院（Trinity College Cambridge）和哈佛大学供职的斯宾塞（Theodore Spencer）教授；还有来自爱丁堡大学和剑桥圣三一学院的高登（Donald Gordon）博士。

最后，我要感谢近期美国学者对文艺复兴思想的研究，其中的大部分不总是在英国获得认可，比如已经去世的格林劳（Edwin Greenlaw）和其团队的研究，还有奥斯古德（Charles G. Osgood）教授和注释版斯宾塞的编辑们的工作。没有这些研究的帮助，我不可能敢于像现在这样写概论。

非常遗憾，这本书付梓后，我才收到斯宾塞教授的《莎士比亚和人类本性》（*Shakespeare and the Nature of Man*, New York, 1942）。我们各自独立写作类似的主题，我也想在本书中引用一些斯宾塞教授的，但却已然不能，只有说斯宾塞教授在论述的时候展现了渊博的学识，文采斐然。

蒂利亚德
于剑桥大学耶稣学院

第一章 引 言

[1] 如今人们依然认为，伊丽莎白时代大体是位于两次新教浪潮中间的世俗时期，① 宗教热情蛰伏的程度，恰好允许新兴的人文主义塑造文学。同时，人们也承认这平静易被打破，因为清教徒们一直虎视眈眈。② 即便如此，大家还是选择聚焦于女王的政治直觉、时代的航海发现和伊丽莎白时期精彩的外在生活。现代小说家伍尔夫（Virginia Woolf）《奥兰多》（*Orlando*）的开篇就是一个典型例子：它并没有告诉读者，伊丽莎白女王翻译了罗马哲学家、神学家波埃修斯（Boethius）的哲学，也没说雷利（Sir Walter Raleigh）不但是探险家，而

---

① [译注] 新教有别于天主教，主要在于新教相信上帝的教诲在《圣经》中，不重视弥撒等天主教的仪式，甚至认为天主教堂悬挂圣徒画像有偶像崇拜的危险。在英国，威克利夫（John Wycliffe, 1320—1384）最先把拉丁语圣经翻译成英语。1526 年，廷代尔（William Tyndale, 1494—1536）出版英语版的全本圣经。此后，新教运动的第一次浪潮高峰在于伊丽莎白女王的父亲亨利八世（1491—1547）与罗马教廷决裂，建立英国国教，第二次高峰在伊丽莎白女王身后，詹姆斯一世（1566—1625）组织学者翻译修订圣经，由此产生《钦定本圣经》（*King James' Bible*），在以后很长一段时间内都是英语圣经的权威版本。

② [译注] 清教徒认为新教的改革依旧不彻底，主张更进一步简化信仰方式，强调宗教的训导作用。

且对神学也颇有研究,更没说在伊丽莎白时代,布道和斗熊一样普遍。① 这种思维习惯,从人们通常如何解读哈姆雷特论人就能体现出来。

> 人类是一件多么了不得的杰作!多么高贵的理性!多么伟大的力量!多么优美的仪表!多么文雅的举动!在行动上多么像一个天使!在智慧上多么像一个天神!宇宙的精华!万物的灵长!(第二幕第二场,朱生豪译)②

后人称这段话是英式文艺复兴人文主义思潮的一个杰出代表,说它肯定了人的尊严,对抗着反人性的中世纪禁欲主义。但事实上,哈姆雷特所言依旧遵循纯粹的中世纪传统,是对人的标准赞美。人按照上帝的样子造成,莎士比亚描述了人堕落前的光辉形象和尽管堕落却还有可能恢复到的高度。这段话显示出他将人置于传统宇宙观中,置于天使和兽之间,此乃神学家们宣扬了几个世纪的观点。其中的典型出自公元 4 世纪叙利亚的尼默修斯主教(Nemesius)。请看威德(George Whither)的翻译:

> 没有语言能形容人这个生物的多样高贵与优势。他能遨游四海,他也能通过默观漫步天庭,还能观察推测星体的大小和运行……他科学知识渊博,技艺不凡……[2]

---

① [译注] 斗熊(Bear‐baiting)是始于 16 世纪左右英国的娱乐活动,以折磨熊为乐。建有熊园,将熊关在类似斗兽场舞台的地方,四周是观赏者座位。

② [译注] 除有特殊说明,书中所引莎剧译文均出自《莎士比亚全集》,朱生豪等译,北京:人民文学出版社,2010。

他能与天使甚至上帝对话。他是万物之长。①

哈姆雷特怎样看人，代表了伊丽莎白时期的主流观点。

《奥兰多》（类似的还有《莎士比亚的英格兰》）忽略的是：② 尽管清教徒和朝臣有伦理意见上的分歧，但分歧比不上共同的神学信仰带来的团结。他们对世界有很多基本相同的看法，两方从未辩驳，而辩驳得越少，越说明这些看法很有分量。

至于这一时期的世界图景，我们可以说它仍然坚定地以上帝为中心（theocentric），是复杂的中世纪世界图景的简化版。中世纪的世界图景从柏拉图与《旧约》的混合衍生而来，由亚历山大里亚城的犹太人首创，经基督教巩固和传播。"以上帝为中心"，便与异教（不包含柏拉图主义和一些神秘崇拜）不同。这个世界图景和柏拉图主义以及其他一些"以上帝为中心"的宗教崇拜一样，总是受"当前俗世与神圣世界相冲突"这个观念的主导。但若看到神

---

① 选自威德所译《人的本质》（*Nature of Man*, 1926），下文所有引自尼默修斯的段落都出自此书。［译注］目前并未找到合适译本，因此译者自译，本书引文中除加注标明译文来源之外，均为译者自译。

② 《莎士比亚的英格兰》（*Shakespeare's England*, Oxford, 1917）。尽管该书中有关宗教的章节写得很好。那章有一个正确的论点——"伊丽莎白时期宗教思想统治着人们的头脑，到了现代人不可轻易理解的地步"，这是该书别的章节所没有的。［译注］《莎士比亚的英格兰》由雷利爵士（Sir Walter Raleigh, 1861-1922，英语教授，注意并非写作《世界史》的雷利）、李（Sidney Lee）等编，由相关领域学者撰写，其中"宗教"一章的作者是拜恩（Ronald Bayne）。

圣世界向来被中世纪的思想家所大肆宣扬,便认为它在当时拥有绝对的统治地位,那就未免太单纯了。这就像是听闻上头命令德国兵不能有恻隐之心,就据此认为德国兵都残酷无情一样,或者是根据欢快的剧目和路边标语就推断一战到二战间的英国是片乐土。转念想想,一定是因为当时很多德国士兵非常和善才导致上头如此号令,也一定是因为英国人无法从抑郁中自拔,才需要乐观剧目和标语的激励。

中世纪的研究者已经证明人文主义和信仰现世在 12 世纪的时候就已经颇有势力,正因如此,谴责现世才在当时大行其道。两者共存并激烈碰撞。进一步说,认为文艺复兴时期信仰现世占绝对优势,这也不对。[3] 文艺复兴时期意大利学者、诗人彼特拉克(Petrarch)在其作品《秘密》(Secret)中想象自己和神学家奥古斯丁(St. Augustine)对话,这本书一直以来被认作中世纪向文艺复兴时期过渡的典型,因为它讨论了现世和神圣世界之对比,仿佛两者高下如何仍有争议。但实际上,《秘密》的基本精神与中世纪最流行的道德论述,即波埃修斯在《哲学的慰藉》(De Consolatione Philosophiae)中与神圣哲学的对话,并无二致。它积极维护了"批判现世"这个旧论点。

的确,从奥古斯丁开始,经过整个中世纪和文艺复兴时期,到伊丽莎白时代的诗人多恩和弥尔顿,对现世的批判一直盛行。《一报还一报》(Measure for Measure)里,公爵劝克劳狄奥(Claudio)"抱着必死之念"(be absolute for death),就是中世纪蔑视现世的典型写照。另外,波埃修斯称,对美名的渴望"是能够诱惑某些人的一种欲望,这些人的精神秉有自然的优异，但是还没有得到完备美德的最后润色而臻于完美"。① 弥尔顿则说，这种欲望"使高贵的心灵把最后的弱点抛弃"。② 弥尔顿并没有抄袭波埃修斯，他是在倾诉自己眼中现世里的无尽挣扎。结论就是，尽管伊丽莎白时代的种种新鲜事物让生活变得精彩，但是古老的争论——把当前俗世与神圣世界相对立依然不绝，所以认为它主要是个世俗的时代是不正确的。

中世纪的世界图景沿袭了固有的宇宙层级，并增加了人的原罪和救赎的希望。中世纪花了大力气构建起这个系统，同样的热情也推动他们仔细阐释这继承来的图景。层级要无所不包又必须环环相扣。比方说，把《埃涅阿斯纪》（*Aeneid*）当成奥古斯丁时期的罗马史诗来读还不够，这首诗应当被放进神学体系里，解释为人从生到死的精神寓言。一旦创造了这套层级体系，骑士之爱的规范也被纳入进去，并被赋予精确的价值。所以完美的骑士爱人、亚瑟王的圆桌骑士兰斯洛特（Launcelot）虽然有最佳的骑士风范，却没有神启，看不到圣杯的幻象，因为体系明确限制了兰斯洛特能有多少美德。

［4］论人的行为习惯受星球位置的影响，这是中世纪阐释宇宙层级和精确对应关系的典型反映。清楚又流行的解释可以在洛威（J. L. Lowe）《乔叟》（*Geoffrey Chaucer*）的第一章中找到。从公元 2 世纪的天文学家托勒密（Ptolemy）开始，

---

① ［译注］波埃修斯，《哲学的慰藉》，杨德友译，南京：译林出版社，2016，页 39。

② ［译注］弥尔顿，《复乐园·斗士参孙》，朱维之译，上海：上海译文出版社，1981，页 237。

逐渐形成了星球和阶层搭配的传统。更进一步讲,一周里的各个时辰都各有不同的星球掌管。具体操作可以参照乔叟《坎特伯雷故事集》(*The Canterbury Tales*)中《骑士的故事》(*Knight's Tale*)第三部分。帕拉蒙(Palamon)、艾米莉(Emily)和阿塞特(Arcite)拜访了供奉爱神维纳斯(Venus,代表金星)、贞洁女神狄安娜(Diana,代表月亮)和战神玛尔斯(Mars,代表火星)的房间,每次拜访都在该房间对应的神掌管的时间段。帕拉蒙若在水星(Mercury[商业之神])掌管的时间段却向维纳斯祷告,就是亵渎神灵,会引祸上身。托勒密《天文学大成》(*Almagest*)的第四卷讲到,火星因与太阳有关,主管职业里用火的一批人,比如厨师、铸工、烙伤口的、铁匠、矿工等。因而乔叟在供奉玛尔斯的房间里安排了这样一幅画作,画中"厨师尽管用长柄勺仍被烫坏"。① 他写得严谨又准确。

中世纪的生活习惯可以说是数学的,或者说像个巨大的游戏,包罗万象,每个行为都要遵循复杂绝顶的规则。

最终游戏越来越麻烦,人们受不了了。但不要以为游戏因此而有所更改。新教选择性地继承和简化了一直以来的这套游戏。忽视一些无伤大雅的细节并不会改变奥古斯丁和托马斯神学的本质。宇宙仍然是有秩序的,哪怕大家忘了其中的许多内在关联。个中过程可以对比上述乔叟所写的片段和后来莎士比亚晚年戏剧的代表《两贵亲》(*Two Noble Kinsmen*)。这里没有乔叟诗歌中的天文细节,但它仍然庄重地提到了中世纪再平常

---

① [译注]乔叟,《坎特伯雷故事集》,黄杲炘译,上海:上海译文出版社,2013,页89。

不过的一个细节，[5]勃鲁托斯也曾暗指过。阿塞特向玛尔斯祈祷：

> 伟大的神，您纠正混乱的时代，
> 震撼腐败的国度，同时决定着
> 人们自古的权利。大地病痛时，
> 您放血救治，治好世界所患的
> 人口过多之病。
> （第五幕第一场）①

战争被当作宏观宇宙中的一个片段，有固定的位置。它和政治身体的关系就如同医学上放血对身体的好处一样。不是说这些旧的联系不存在了。它们虽然存在，但像《庞池与朱迪》（*Punch and Judy*）一样，已失去了以往的尊贵地位。② 中世纪时身体部位和星宿的关联关系流传下来的部分，还可以在莎士比亚的《第十二夜》（*Twelfth Night*）里找到：

---

① ［译注］莎士比亚、弗莱切，《两贵亲》，张冲译，北京：外语教学与研究出版社，2012。

② ［译注］《庞池与朱迪》原是木偶戏，起源于16世纪的意大利，最早于1662年传入英国，18世纪早期尤为流行。主要人物是普钦内拉（意大利语 Pulcinella，英语拼写为 Punchinello，昵称为 Mr. Punch ［庞池］）和妻子朱迪。无固定剧本，剧情幽默，庞池先生通常受妻子朱迪欺负。1841年，梅修（Henry Mayhew）等人以该木偶戏为蓝本，创办《庞池》杂志（*Punch; or, The London Charivari*），主要刊登讽刺作品和漫画，曾经具有非凡影响力，自20世纪四十年代之后逐渐式微，现已停刊。此处推测应指《庞池》杂志。

托比：照你那双出色的好腿来看，我想它们是在一个跳舞的星光底下生下来的。

安德鲁：我这双腿很有气力，穿了火黄色的袜子倒也十分漂亮。我们喝酒去吧？

托比：除了喝酒，咱们还有什么事好做？咱们的命宫不是金牛星吗？

安德鲁：金牛星！金牛星管的是腰和心。

托比：不，老兄，是腿和股。

（第一幕第三场）

剧中二人弄错个中关联，符合他们的性格。莎翁也许知道和金牛座对应的是颈和喉。托比误打误撞竟蒙对了，他认为跳舞用到的腿和股是金牛星座掌管，但其实金牛座掌管的是与喝酒有关的颈和喉，这才叫讽刺，符合他爱喝酒的品性。原本严肃的、有仪式感的中世纪游戏顷刻之间变成了笑话。

尽管中世纪对世界的认知框架流传到了伊丽莎白时代，但它却已经处于岌岌可危的地位。马基雅维利（Machiavelli）强烈反对宇宙有神圣层级制度的观点。到了 17 世纪，人们开始理解、尊重，而不再嘲弄和辱骂马基雅维利。新近研究表明，[6] 伊丽莎白时代的文人手边有介绍哥白尼（Copernicus）学派天文学的英文书籍，但尽管如此，大家却不愿捣毁旧的认知。新兴的商业主义挑战着中世纪的稳定秩序，可伊丽莎白时代的奇异之处在于，它虽包含诸多新元素，然并未摧毁旧秩序的高贵。这要归功于伊丽莎白女王自己。都铎王朝的统治者们将自己塞进了中世纪的宇宙层级中，变成了层级的一部分，不可动摇。

他们要是能被后人铭记,那一定是作为宇宙层级的一部分。所以,我们看到伊丽莎白时代的作者将女王比喻成统治物质宇宙的天体层宗动天(primum mobile),① 把俗世中的事情和其他天体层的各种运动作对比,认为它们都受所在天体层无处不在的控制,这些都不是信口开河。

---

① 将伊丽莎白女王与宗动天作比,出自斯宾塞(Theodore Spencer)《莎士比亚和人的本质》(*Shakespeare and the Nature of Man*, New York, 1942)页18,其中提到凯斯(John Case, 1539—1600)《论城邦的球体》(*De Sphaera Civitatis*)的前言有一幅图表,将伊丽莎白女王标识成宗动天。[译注] 凯斯的《论城邦的球体》出版于1588年,此书是亚里士多德《政治学》义疏。

第二章 秩 序

[7] 目前，多数读者主要还是通过戏剧来认识伊丽莎白时代，他们觉得很难承认该时代存在一种普遍秩序主导其世界图景，因为乍看起来，"有序"可不是形容伊丽莎白时代戏剧的。但大家愈加发现：这个时期的戏剧是程式化的，技巧上遵循某种特殊模式，而放肆的情感表述也是相互重复，并未出新。或许伊丽莎白时代的戏剧真的自有一套规范，哪怕这规范是古怪的。我在引言里也指出：人们认为秩序理所当然，它已经成了集体思维的一部分，以致除了一些明显说教的文本，很少再提及秩序。但在说教文以外也不是没有其他。例如诗人斯宾塞的《爱的颂歌》(*Hymn of Love*)，还有莎剧《特洛伊罗斯与克瑞希达》(*Troilus and Cressida*) 中俄底修斯（Ulysses）对"纪律"（degree）的论述。①说教文中的秩序话题出现得更为频繁：埃利奥特（Thomas Elyot）的《统治者之书》(*Governor*)，《宣道书》系列中的《论服从》(*Of Obedience*)，② 呼克尔（Richard Hooker）《论教

---

① ［译注］这段论述在第一幕第三场。古希腊文的 Odysseus 在拉丁语中换作 Ulysses，蒂利亚德使用 Ulysses，因书中所引莎剧引文均采朱生豪译法，故此处亦从朱译人名"俄底修斯"（Odysseus）。

② ［译注］《宣道书》(*The Books of Homilies*，1547、1562、1571) 详细规定和讲解了英国国教的教义教规。1559 年，伊丽莎白女王承认《宣道书》为官方阐释文件。

会政体》（*On the Laws of Ecclesiastical Polity*）中的前四卷（1594），雷利的《世界史》（*History of the World*, 1614）。莎剧中的这段最广为人知，而大家并不总是理解这段演说的全部含义，于是我便由此讲起。

> 俄底修斯：诸天的星辰，在运行的时候，谁都恪守着自身的等级和地位，遵循着各自的不变的轨道，依照着一定的范围、季候和方式，履行它们经常的职责；所以灿烂的太阳才能高拱出天，炯察寰宇，纠正星辰的过失，揭恶扬善，发挥它的无上威权。[8] 可是众星如果出了常轨，陷入了混乱的状态，那么多少的灾祸、变异、叛乱、海啸、地震、风暴、惊骇、恐怖，将要震撼、摧裂、破坏、毁灭这宇宙间的和谐！纪律是达到一切雄图的阶梯，要是纪律发生动摇，啊！那时候事业的前途也就变成黯淡了。要是没有纪律，社会上的秩序怎么得以稳定？学校中的班次怎么得以整齐？城市中的和平怎么得以保持？各地间的贸易怎么得以畅通？法律上所规定的与生俱来的特权，以及尊长、君王、统治者、胜利者所享有的特殊权利，怎么得以确立不坠？只要把纪律的琴弦拆去，听吧！多少刺耳的噪音就会发出来；一切都是互相抵触；江河里的水会泛滥得高过堤岸，淹没整个的世界；强壮的要欺凌老弱，不孝的儿子要打死他的父亲。（《特洛伊罗斯与克瑞希达》第一幕第三场）

前文所说内容几乎都包含于此，细节后文再议。引文同时将多样事物安排在"纪律"或者秩序的体系下，且相互之间的关联甚为深入。这段话既在说宇宙秩序，也在说国内政治。

第二章 秩 序

太阳、君主、长子身份捆绑在一起，星辰间的博弈对应宇宙元素间的争斗，也对应地球上的内战。家庭里的手足之情、城市里的通商贸易，都和混沌中创世的隐晦表述放在一起。这图景广阔，包含各式活动，但时刻有瓦解的危险，不过终被一种更高的力量统一起来。这个描述虽然丰富，但不完整。里面没有上帝和天使，也没有野兽、植物和矿物。引文足够表现出莎士比亚想表达的戏剧紧张感，但不要以为作者根本没想涉及顶部与底部的两级，也不要猜测他会反对下面这段对"纪律"的论述：[9]雷利夸尽天堂的乐趣，衬得俗世索然无味。之后，他写道：

> 能无视荣誉和财富，认定它们虚荣、没有必要吗？当然不能。上帝拥有无限智慧，将天使们分级，赐给天体或多或少的光和美，区分鸟兽，创造了雄鹰，也制造了苍蝇，造了雪松，也造了灌木，给了红宝石沉稳美妙的色泽，也给了钻石闪耀的光芒。上帝还在人类当中安排了君主、王侯和领导层、行政官、法官和其他的层级。

描述秩序最为透彻的是埃利奥特的（与莎士比亚时代相近但更早）《统治者之书》第一章。之所以放在第一章讲，是因为秩序是后面一切论述的前提——倘若不能确定存在一个条理分明的宇宙，行政官在其中可以有所作为，那这说教还有什么用呢？

> 把秩序剔除还剩下什么？当然没剩什么了，除了有些人想象的天下大乱。哪里缺少秩序，哪里就永远存在冲突。当万物不随心所欲，而是听命于自然，可能只会部分

地被滋养，但当他毁坏创世秩序所规定的其位置和活动方式，那他定会消亡，宇宙也就终将瓦解。

上帝难道没有在所创造的荣光万物中设定纪律和等级吗？在天庭中，他设定了天使们的等级。看那构成人体的四种元素，它们怎样被置于各重天的地方，根据性质的优劣而有高低之分。上帝在他创造的从最低等到最高等的所有生物中都设定了秩序。他造了芳草装点大地，也造了比芳草更高的树木。鸟、兽、鱼中，有的可供人食用，有的也有其他多种用途，也有的主要作用是存在和劳作。造物主上帝给每种树木、芳草、鸟、兽、鱼都配了各自的独特特征。万物都有秩序，没了秩序，就不稳定、不长久；万物存在等级，根据各自特性而有高低之分，这才称得上秩序。

引文直白，意思显而易见。[10] 伊丽莎白时代的人就是这样想的，也是下面斯宾塞《爱的颂歌》中描述创世时，对秩序进行诗化表述的背景。

> 土、气、水与火，
> 排列构成巨大队伍
> 各有不同力量，隐秘地计划
> 用所有可能力量相互排斥，
> 冒着自己混乱腐坏的危险；
> 气怨着土，水恨着火，
> 直到爱平息了它们的愤怒。
>
> 上帝拾起它们，用爱
> 极大地中和了它们的恨，

> 将它们置于秩序中,
> 让它们留在俗世的疆界,
> 用牢固的链条连接;
> 因而在所有生灵中,
> 它们都混合相宜、展现各自柔和的力量。
>
> 自此以后,它们坚定不移地
> 遵守着上帝的律法,
> 如今茫茫天下所有事物
> 无论大小多少,
> 都依这律法。

在伊丽莎白时代,稍微有点知识的人都知道上文中的秩序概念。呼克尔的长篇大论就证明了知识分子对秩序的执着。今人很难读懂呼克尔,但他同时代的读者熟悉他的行文方式,读他的难度比当代人要小得多。呼克尔的作品不是写给专业神学家的,而是向同时代受过教育的大众传递神学。呼克尔是写概括性文本的个中高手。这类文字避免繁琐和有争议性的细节,只给出大致的、简化的版本,却也具有说服力和新鲜感。他完全知道什么能被受过教育的普通人看懂并认可。这点可以让我们确信,呼克尔代表的是广大受过教育的人,他们能代表伊丽莎白时代人们的想法。他的书比同时期投机的小册子或是不入流的小说更有代表性。

[11] 呼克尔的引文更像神学语言,也更直白,但其中的秩序概念与埃利奥特和莎士比亚的一致。他称之为普遍意义上的法则(law)。在宇宙和俗世秩序之上存在一个普遍法则,

"这个法则给了其他所有值得赞许、公正、妥善的事物以生命,也就是说,永恒者本身所应用的法则"。呼克尔用绝妙的模糊表述回避了存在已久的争论——是上帝的意志让某件事合理,还是因为这件事本来就正确,所以才得到上帝的加持?呼克尔论证上帝造法则,既是根据自己的意愿,也是因为法则本身合理。它主观,但并不随意,它建立在理性之上。神之理性远超我们凡夫俗子的理解范围,但我们知道有这个法则。上帝的法则是永恒的,"它是上帝早在万古以前定下了的,而为他借以作行万事的那个安排"。① 上帝在有限世界里用多种方式展示荣光。莎剧《特洛伊罗斯与克瑞希达》中"纪律"之论中的浩瀚万物,就是神学上多样荣光的诗学表述。从作为源头的上帝法则出发,呼克尔又描述了法则的从属和分支,因为若是运用到大千世界,法则也应该分门别类。上帝不但创造了他自己的永恒法则,也吩咐余者遵循他的法则:

> 法则中约束了自然万物的那部分,我们称之为自然法则。天使坚定不移地遵守着的是天庭法则;理性规则规范了世界上具有理性的生物,他们能够看清自己确实受理性支配;但那些他们看不清的、除了上帝显灵之外无从知道的,就是神圣法则。人们从理性法则和上帝法则中收集合适的实用法则,则构成了人文法则。②

---

① [译注]《安立甘宗思想家文选》,呼克尔、安德烈斯、赫伯特等著,金陵神学院托事部主持编译,章文新等译,北京:宗教文化出版社,2012,页4、页8。

② [译注]《安立甘宗思想家文选》中收录的呼克尔文章为选段,并未收录本引文,因而此处为译者自译,后文无标注页码的均为译者自译。

呼克尔的第一本书以法则或者秩序的和谐为结尾（"只要把纪律的琴弦拆去，听吧！多少刺耳的噪音就会发出来"）。

  由此之故，我们可以简单作结：关于法则，我们不能不承认它的基地是位于上帝的腹心，[12] 它的声音是世界的和调齐整；天上地下的万事万物无不臣服于它，最微小的，皆蒙它的照顾，最巨大的，亦逃不出它的权能；众天使与人类，以及任何状况的受造物，不论其在不同的种类和样式，一切都同声一致称赞它为他（它）们平安和喜乐之母。①

宇宙秩序尽管没有被伊丽莎白时代的诗人扩展，却依然是这一时期诗歌的重要主题之一，有正面的也有反面的表述：有像斯宾塞的《爱的颂歌》中的那样，偶尔出现完整陈述，也有作品中出现秩序的部分阐释或影射。俄底修斯关于"纪律"的讲演就是部分地阐释。《麦克白》（*Macbeth*）里第四幕第三场马尔康（Malcolm）和麦克德夫（Macduff）在王宫前的大段对话，以及英国国王的治病天能，都是受"秩序"的启发。《亨利六世》（*Henry VI*）上篇里有一小段话，非那个时代的读者很容易漏掉它的重要含义。此处英法停战，塔尔博勋爵（Talbot）奉承到巴黎等待加冕的亨利六世，后者授予塔尔博"索鲁斯伯雷（Shrewsbury）伯爵"头衔。这是一个秩序井然的王国里具有代表性的场景，是剧中许多冒犯秩序场景的参照物。塔尔博的演说中涉及上帝、君主和自己各自的层级位置，与呼克尔和《论服从》如出一辙。

---

  ① ［译注］《安立甘宗思想家文选》，章文新等译，页26。

吾王陛下，列位大人。我听到您来到这里的消息，就把战事暂时停止，特地赶来向陛下致敬。我曾用这条臂膊替吾王克服了五十座城堡，十二个城市，七处坚强的城池，还俘获了五百名高级将领。为了表示我的敬意，我用同一条臂膊将我的佩剑放到王上的脚前，（跪）并以恭顺的忠忱，将战绩的光荣，献给上帝和吾王陛下。（第三幕第四场）①

查普曼（George Chapman）续写马洛（Christopher Marlowe）的《海洛与利安德》(*Hero and Leander*)中，典礼女神（Ceremony）批判海洛与利安德的禁忌之恋，[13] 是对秩序的更明了而又学术化的解释：

> 典礼女神，头戴星辰的
> 皇冠……
> 她燃亮的长发垂至明亮的脚，
> 上面悬挂着诸神的席位。
> 她用一条布满耳与眼之链，
> 引领着宗教。她通体
> 清澈透明，犹如最纯净的玻璃，
> 她完全展示在感官之前，
> 奉献、秩序、仪态、敬意，
> 是她的影子。

---

① ［译注］章益译，《亨利六世》，载《莎士比亚全集》卷七，北京：人民文学出版社，2009，页56。

第二章 秩序

宇宙秩序遍布整个《仙后》（Fairy Queen），也就有了斯宾塞重复运用"排列有序"（in a comely [row], on a row）的细节。不仅因为"有序"好看，更因为它与宇宙秩序和谐一致。

除了对秩序的正面论述，更频繁出现、被强调的是对失序的讨论。如果说伊丽莎白时代的人信仰一个理想秩序，它赋予俗世秩序以生命，那么一旦这个秩序受到挑战，无序露出蛛丝马迹，人们就会不安、惊恐。他们过分担心混沌（chaos）和变异无常。他们有多信仰秩序，就有多担心混沌。现如今，我们认为的混沌不过是大范围的混乱局面，但伊丽莎白时代的人们认为混沌是宇宙创世前的无序，如果上天放松一点儿，让自然法则停止运行，那无异于灭顶之灾。奥赛罗（Othello）说，"世界也要复归于混沌了"（Chaos is come again，第三幕第三场），俄底修斯说，"这一种混乱的状态，只有在纪律被人扼杀以后才会发生"（第一幕第三场）。不读正统神学不能完全领会这二人所言。呼克尔对混沌的描述就是合适的语境：

> 如果自然中断或是完全抛弃其规则，哪怕只有一小段时间；世界中的基本元素构成了俗世万物，如果这些元素失去了现有的特质；如果头上拱起的苍穹散架；如果天体空间忘了运转轨道，随机运转；[14] 天庭之光的王子现在孜孜不倦地跑在他的航线上，如果它感到疲惫，停下立足；如果月亮脱离了常走的轨迹，如果四季无常，风停了吹，云不带来雨，地球不受天庭的影响，地球的果实干瘪，犹如母亲不再有奶水喂养的孩子，那么，受这些事物供养的人将如何？我们难道看不出万物遵从自然法则才是

维系整个世界的根本?

尽管莎士比亚在《亨利六世》《特洛伊罗斯与克瑞希达》还有《麦克白》中写了他对秩序的看法,但与这些莎剧中占主导或造成威胁的各种混乱相比,还是比重较小。然而,其中的混乱如果离开了秩序这个参照物,也就没有意义了。

莎士比亚用混乱来描述秩序的对立面和自己对秩序的渴望。相比之下,斯宾塞(尤其在《仙后》中)则把无常(mutability)视为秩序的对立面。在孕育自然的阿多尼斯苑(Garden of Adonis)中,时间能酝酿改变,是强大的敌人;而且在诗的末尾,无常女神(the goddess Mutability)宣告征服了世界。与波埃修斯《哲学的慰藉》第二卷开篇如出一辙,斯宾塞总结道:无常是更广大的稳定中的一部分,就像风从不停下,也是一种稳定。诗人通过对俗世动荡的惋惜,完美表述了对秩序的极度热爱和对俗世既爱又恨的古老两面观。

> 每每当我回忆过去时便想起
> 无常所说的话,感觉很有道理:
> 尽管她没有统领天界的权力,
> 但是其他地方却都在她手里,
> 我之所以这样说也符合实际。
> 令我对快活的人生厌恶至极,
> 讨厌对转瞬即逝之物的欢喜;
> 它们无常而渐失的兴盛时期,
> 很快在岁月的镰刀之下殁殪。
>
> 随后又想到了造物主的裁断,

到了无一物再有改变的时间,
[15]万物均处于恒定的状态里面,
永恒的大柱撑起长眠的大殿,
而那些恰恰与无常流转相反:
因为运动之物均得无常喜欢:
然而万物从此都将进入长眠,
陪伴在那名叫安息的神身边:
啊,伟大的安息神,让我看一眼。①

---

① [译注] 邢怡译,《仙后》,北京:北京时代华文书局,2015,页642。本书引《仙后》诗句都采取此译本。

第三章　原　罪

[16] 伊丽莎白时代的人将世界秩序视作根本，另一套与之平行的思想是神学理论中的原罪与救赎。不管中世纪的戏剧和布道如何大讲特讲圣经故事，也不管新教徒如何熟背《福音书》，基督教最重要的部分不是耶稣的生平，而是一套正统理论：邪恶天使的反叛、创世、人经受诱惑和堕落，还有经耶稣完成的道成肉身，赎罪和重生。中世纪是这样，伊丽莎白时代亦如此。这是一套清楚区别于其他神学的模式，它跟对宇宙神圣秩序的解读一样，具有强大的吸引力。圣保罗（St. Paul）为基督教烙下的深刻印记就是该模式。这套理论经历过争议曾引发轰动，但仍存留下来，是支配人们的一个重要力量，直到17世纪科学革命才逐渐褪色，隐在各种角落里。不能忘了正统的拯救理论在伊丽莎白时代无所不在；可以反对这套理论，但不能无视它。可以是无神论（Athesim）者，却不能持不可知论（Agnosticism）。在那个时代，非常邪恶的人坦然承认自己的恶，相较于有少许邪恶的人无视原罪，要容易得多。

伊丽莎白时代的十四行诗诗人和剧作家的作品很少提及保罗的救赎思想，因此有人可能会质疑在这个时代的世界图景里，救赎思想是否重要。可很少提及，恰恰显示了人们对它了然于胸，不必多言，而一旦偶然提及，其引申意义就无比庞大。《一报还一报》里，安哲鲁（Angelo）和依莎贝拉（Isabella）因为谴责克劳狄奥而起了争执：

  安哲鲁：你的兄弟已经受到法律的裁判，你多说话也没有用处。

  [17] 依莎贝拉：唉！唉！一切众生都是犯过罪的，可是上帝不忍惩罚他们，却替他们设法赎罪。（第二幕第二场）

此处的指涉仅有一点点，但显示出它认为保罗的神学观念是理所当然。保罗神学中，亚当堕落导致人受旧律法的禁锢，而耶稣打破了这个禁锢。十四行诗诗人和剧作家之外则是另一番景象。斯宾塞在《颂歌》（*Hymns*，这些诗合起来，就是本章和前一章论点的极好例子）中给了救赎理论重要地位：①

  在永恒极乐的怀抱中，
  他［基督］与他荣光的主共治，
  从那里，他坠下，像一个被驱赶
  和下贱的奴隶，用脆弱的血肉之躯，
  为人偿还罪的恶果，
  人得以复还到欢乐状态，
  而他则面对不幸的命运。

---

  ① ［译注］《颂歌》系列有四首：《爱的颂歌》（*An Hymn in Honour of Love*，即前文的 *Hymn of Love*），《美的颂歌》（*An Hymn of Beauty*），《圣爱的颂歌》（*An Hymn of Heavenly Love*）与《圣美的颂歌》（*An Hymn of Heavenly Beauty*），合称《颂歌四首》（*Four Hymns*）。

肉身最先犯罪；
因而肉身必要受罪：
没有精神存在或是天使，
能够代人向上帝赔罪，
虽然它们超越了人。
只有人自己，自行堕落的人。
因而，从圣女的腹中成型，
为了给人赎罪，他变成了人。
（《圣爱的颂歌》）

除了这些明指，那些对救赎的暗指就难以概括了。整个英格兰文学都说着浸润了基督教教义精神的语言。在伊丽莎白时期的文学中抽出一段有这种语言的段落稀松平常。我想论证的是：伊丽莎白时代与它之前和之后的时代是相连的，它并没有显著地出离传统。韦伯斯特（John Webster）的《马尔菲公爵夫人》（*Duchess of Malfi*）就是诸多例子中的一个。我们无从得知韦伯斯特自己的信仰，但这也无妨，和他主动说出的相比，无意流露出的早就说明一切。公爵夫人甘心情愿追求自己的管家，不顾礼节、"纪律"，自知犯错，走入窘境。[18] 韦伯斯特或许私下里希望将公爵夫人的行为合理化，但他却不能让她脱离原罪和赎罪的语境体系。波索拉（Bosola）也在这个语境之中。①他的世界充满暴力犯罪和剧烈改变，沾满鲜血和悔恨，但即便

---

① [译注]波索拉，剧中人物，曾受命秘密监视马尔菲公爵夫人，并参与谋杀她的计划。目睹公爵夫人被杀，良心发现，转而为公爵夫人报仇。

如此，这个世界还是神学世界的组成部分。实际上，伊丽莎白时期戏剧中的暴力与道德体系的崩塌并无关联。相反，暴力之所以能肆无忌惮地存在，恰恰说明这个时期道德体系的坚固。人们痛苦，认为世界正在腐朽，那是因为他们期望过高。而针对更辟时期戏剧进行的说教式抗议才是道德衰败的开始。

目前为止，我分别论述了秩序、原罪与救赎，但实际操作上，两个思想体系交叉融合。弥尔顿的《论时间》(*On Time*)在一个自然句中出现了不和谐的原罪打破了自然的定律。① 上帝造物的荣光永在，上帝旨意的威慑也永远存在。但不管是混沌还是无序，这原罪的产物总在伺机而动。如果传统救赎要依赖上帝的荣光和耶稣的赎罪来完成，那与之并列的另一条路就是默观上帝创造出的世界的神圣秩序。中世纪晚期一位神学家将上帝的秩序与人的堕落联系起来：② 堕落让人远离本真的自己，如果人想要重新发掘本真，必须认真默观自然的活动，这个自然也包括人自己。

可怜的流浪者，想要回归自己，首先必须思索上帝所造事物中的秩序；其二，要把自己与这些事物对照；最后，

---

① ［译注］原文为 disproportioned sin jars against nature's chime。此处可能是作者笔误。这一句诗并非出自弥尔顿的《论时间》，而是来自他的《庄严音乐》(*Solemn Musick*) 一诗："地上的我们用不入耳的声音/也可以应该和着那和谐的音乐/就像我们曾经做过的，直到不和谐的原罪/打破了自然的定律"（That we on earth with undiscording voice / May rightly answer that melodious noise; /As once we did, till disproportioned sin/ Jarred against nature's chime）。

② 这位中世纪晚期神学家是塞邦 (Raymond de Sebonde)，下文也会涉及。

通过比对，才能获得本真的自我并接近上帝、万物之主。

弥尔顿在《论教育》（*Of Education*）的开篇部分有同样的阐释：

> 学习的目的就是借由重新正确认识上帝来修复我们祖先的错误……理解力不是与生俱来的，我们只有从理性事物上才找到理解力；只有循序教导可见的、低等的生物，才能参透上帝和不可见事物的真谛。所有慎重的教育都需遵循同样的方法。

［19］在之后的《失乐园》（*Paradise Lost*）里，弥尔顿让拉斐尔（Raphael）实施他的教育计划。"循序教导可见的、低等的生物"，是拉斐尔造访乐园时给亚当的第一个忠告，亚当听后感激回应：

> 您教导我们知识该遵循的方向，
> 指示我们以自然的阶梯，
> 静观被造物，从中心到周围，
> 一步步向上攀登，接近于神。
> （第五卷，行 508–511）①

这种世界秩序和原罪后果的双重设想是伟大的中世纪发明。像世界秩序一样，这个设想的源头可以追溯到亚历山大城希腊化的犹太人对《创世记》（*Genesis*）与柏拉图的《蒂迈

---

① ［译注］弥尔顿，《失乐园》，朱维之译，天津：天津人民出版社，1996，页194。

欧》(*Timaeus*) 的融合。这个设想妙在，首先，它足够乐观，也足够悲观，可以满足不同人的各种喜好，满足我们这些总是喜欢矛盾和不一致的人类。《创世记》里说上帝造物后，认为世界是好的，也按照自己的模样造了人。当人堕落的时候，（据此推断）世界也跟着腐败了。大家认同人保留了一点原来的美德，但要说具体比例是多少，就随阐释者喜好而异了，如同爱丽丝（Alice）可以自由选择从哪边吃蘑菇一样。①

柏拉图思想中有同样的解释。造物主（demiurge）按照神圣理念创造了世界，因此世界是善的，但因为它只是理念的描摹，所以与理念本身有差距，并不完美，存在缺陷。更进一步，柏拉图和正统基督教都认为人类可以超越自身的不完美，追求神圣的完美，因而人们很容易辨识出柏拉图思想和希伯来圣经教义。这种看法如何活跃在伊丽莎白时期，且看锡德尼（Philip Sidney）的《为诗辩护》(*Apology for Poetry*)（尽管该书得益于亚里士多德的《诗学》[*Poetics*]）吸取这种观点的驱动原理。亚里士多德认为诗比历史和哲学更有教导作用，相比之下，认为诗是人类超越堕落的自我、追求完美的手段的新柏拉图主义在锡德尼书中占更重要位置[20]。锡德尼写道：

> 不要认为把人类才智的最高峰和自然的功能相衡是太狂妄的对比，还是歌颂那创造者的天上的创造者吧，他照着自己的形象造了人，就把他放在那第二自然的一切作品之外和之上。这一点他在诗里显示得最充分；在这里他以

---

① [译注]《爱丽丝漫游仙境》(*Alice's Adventures in Wonderland*) 里有个片段，爱丽丝有两个选择，从一边吃蘑菇可以让自己变大，从另一边吃蘑菇则会变小。

> 神的气息产生了远远超过自然所作出的东西,这对于不信那亚当的倒霉的原始堕落的人,真是个不小的论证,——因为我们的善于思考的头脑使我们知道了至善,然而我们的被污染的意志却使我们达不到它。①

这里,柏拉图(或者普罗提诺[Plotinus])的思想和《创世记》合二为一。"神的气息"(Divine breath)用来描述柏拉图口中的诗歌和"完美"(perfection)理念,而引文对《创世记》的暗指则更明显不过。我们在这里要融合两种语境。"完美"形容的既是柏拉图的造物主也是伊甸园,亚当和夏娃的堕落也好比是柏拉图思想中物与造物主的分离。

伊丽莎白时代的人通过世界秩序和原罪后果这两种视角才得以将两种极端——对现世秩序极度乐观和极度悲观——相结合。因为没有统一口径的管制,乐观和悲观间的跨度更大。这也是最能区别伊丽莎白时代和维多利亚时代的事物之一。维多利亚时代的社会信仰进步(progress),因此有认同进步理念的压力。但在伊丽莎白时代,悲观与乐观旗鼓相当,一个人能同时清楚意识到这两种力量。

最后需要指出,《失乐园》主要是传统和正统的。弥尔顿有三大异端思想:认为圣子不与圣父一同永生;灵魂曾亡故,与肉身一同复活;上帝用自己创造了世界,而非《圣经》中写的,上帝从无到有创造世界。虽然如此,《失乐园》主要写的却是两种传统世界图景:创世的荣光与原罪导致的浩劫。《旧约》里的

---

① [译注] 钱学熙译,《为诗辩护》,北京:人民文学出版社,1998,页 11-12。

历史细节和《新约》中对耶稣生平的表述都从属于此。[21] 尽管《失乐园》写作和出版的时间不在伊丽莎白时代，① 它还把同情给了撒旦，但其主要神学思想依然是伊丽莎白时期文学的底色，它的重点（创世荣光与原罪浩劫）也都恰到好处。

我在前文中可能谈了太多神学层面的问题。然而，当代在研究伊丽莎白时代的时候无视神学，这个错误让人觉得再怎么探讨神学都不为过。比方说，一部权威的英语文学史把约翰·戴维斯爵士（Sir John Davis）的《认识你自己》（nosce teipsum, know thyself）视作"合唱歌曲和田园诗时代中的异类"，这还如何让人镇定？② 如此评论的人，还指望其能理解伊丽莎白时代吗？即便是在书中呼吁重视伊丽莎白时代严肃面的钱伯斯（E. K. Chambers）走得也不够远。③ 如果《仙后》还被视作浮华之作，锡德尼的《阿卡狄亚》（The Countess of Pembroke's Arcadia）仍被解读为田园传奇，如果依旧无视阿多尼斯苑蕴

---

① ［译注］《失乐园》讲述人类堕落前传，而大多数神学关注人堕落之后。

② ［译注］该权威著作应指雷古伊斯（Emile Legouis）和卡萨米昂（Louis François Cazamian）撰写的《英语文学史》（Histoire de la littérature anglaise），该书出版于1921年，英译本由麦克米伦出版公司1926年出版。引文原文为 une sorte d'anomalie en ce temps de madrigaux et de pastorales。

③ 此处指钱伯斯的《伊丽莎白时代的人觉醒》（The Disenchantment of the Elizabethans），载《托马斯·怀亚特爵士及研究》（Sir Thomas Wyatt and Some Collected Studies, London, 1933）。［译注］钱伯斯（1866—1954），文学评论家。他的四卷本《伊丽莎白时代戏剧》（The Elizabethan Stage）出版于1923年，至今仍是经典之作。

含的哲学思考,①忽略帕梅拉(Pamela)在狱中表现出的强烈的新教徒特征,②那钱伯斯只证明丹尼尔(Samuel Daniel)的严肃性,还是远远不够的。③有一种错误的倾向,认为伊丽莎白时代的人或是俗世事务或是宗教事务的专家,两者分界明显,仿佛伊丽莎白时代的探险家不应该信奉神学,听布道的伦敦人也没看过世俗戏剧。不论是伊丽莎白时代还是当代,一样的本能天性驱使普罗大众看斗熊或是拳击,听名人牧师宣讲死亡和地狱之火,或是看风靡一时的戏剧。雷利身上有我们能想象的世俗部分:他一定感受和见证了地球上许多地方人类的狂喜和痛苦,他也一定了解自然和人类中最可怕的混乱。但就是这个雷利,不仅透过俗世人生的抽象思考和对神的默观,更通过"万物之镜"(per speculum creaturarum)看到了上帝的荣光。

> 天堂之圣光下,我们略瞥见他的圣容;在他仁慈地供养众生中,我们看到他的各种善;上帝单单用言语(Word)技艺就创造了世界,让我们看到他的神力和全

---

① [译注]突出体现为《仙后》的第三卷第六章。

② [译注]小说《帕梅拉》(1740)是理查森(Samuel Richardson)所作的书信体小说,记述了女仆帕梅拉如何经受住男主人的引诱和迫害,最终因坚贞的美德得到了与男主人的婚姻。该小说通常被认为是英国小说的开山作品之一。

③ [译注]丹尼尔(1562?—1619),诗人、历史学家和剧作家,曾为女王撰写喜剧和宫廷假面舞剧(Masque),其中包括《十二女神幻象》(*The Vision of the Twelve Goddesses*, 1604)。钱伯斯的《伊丽莎白时代戏剧》详细评价了该作品。假面舞剧是16、17世纪风行于欧洲宫廷的剧种,专业演员负责歌唱和台词,王公贵族们在舞池中起舞。

能。力量、光芒、美德、智慧和善,这些品性都属于一个基本本质、唯一上帝。[22] 我们仰慕所有这些品性,通过"万物之镜"辨识出部分,即神意、秩序、天体和地上万物的多样——地上生物奇奇怪怪、包罗万象,天体美妙宏大,永在运转,虽运动不同,但从不曾矛盾、混杂、困惑。我们通过这些强劲的外显现象接近了解全能的因,通过这些活动认识它们背后的万能推手。①

---

① 参考雷利的《世界史》第一卷(*History of the World*, I, 1)。

第四章 存在之链

[23] 伊丽莎白时代用三种形式勾画世界秩序：一条链子、一系列相关的平面和一种舞蹈。下面，我将一一解说这三种形式。

在前文已引的一段话中，呼克尔这样形容万物：

> 上帝外在作为的一般目的是实行他最荣耀而最丰盛的美德。其丰盛被表明为形形色色，为此之故，这种各形各色常在《圣经》里用"丰富"的字眼来表达。①

斯宾塞在《圣美的颂歌》（*Hymn of Heavenly Beauty*）中有更为明显的歌颂上帝"丰富"的诗句：

> 看呀，让你们凝视的眼睛
> 看到美妙场景，看这
> 无垠广阔宇宙，看这
> 不计其数的芸芸众生，
> 你都数不清它们的名字，更不要提
> 知悉自然赋予它们的用途；
> 所有这些被创造出来，

---

① ［译注］《安立甘宗思想家文选》，章文新等译，页7。

带着伟大、奇妙的敬意，
一切也都有着可贵的美的外表。

两段话的背后，都是描述世界秩序的传统方式，这个秩序在莎剧《特洛伊罗斯与克瑞希达》中俄底修斯讲的"纪律""达到一切雄图的阶梯"中被暗示过，在蒲柏（Alexander Pope）的《论人，存在之巨链》（*An Essay on Man, the vast chain of being*）中被命名，它也是洛夫乔伊（Arthur Lovejoy）大部头的重要著作的主题。① 该隐喻用来形容上帝创世的无可想象之大、无可摧毁的秩序和极度的完整统一。这条链从上帝宝座脚下延伸到最卑微的静物。每种微物都是链上的一环，除了头尾二环之外，每一环都大于一些环，同时又小于另一些环，环与环中间没有缺失。链到底多大，引发了很多形而上学的难题，最安全的解释是，环不是无限的（infinity），但即便它有限（finitude），也仍超出人类的想象力。

[24] 存在之链的理念源于柏拉图的《蒂迈欧》，经亚里士多德的发展，再由亚历山大城的犹太人吸收（斐洛 [Philo] 的思想里就有它的影子），由新柏拉图学派宣扬。从中世纪至18世纪，存在之链是被普遍接受的寻常道理，人们不再明辨，而转为要么暗指，要么认为它理所应当。寓言家们解释，荷马史诗中，天庭里的宙斯放下的金链就是这条存在之链。18世纪继承了存在之链的概念，但愚钝地尝试把这样一个想象的辉

---

① 这部作品是《存在巨链》（*The Great Chain of Being: A Study of the History of an Idea*, Cambridge, Mass., 1936），该书对我影响深远。[译注] 现行中译本有《存在巨链：对一个观念的历史的研究》，张传有、高秉江译，北京：商务印书馆，2015。

煌产物理性化，反倒让存在之链显得荒唐、让人无法接受。鉴于人与最低级别的天使之间也存在着鸿沟，18世纪认为必然有其他可居住的星球，来容纳人和天使之间的生物。因此蒲柏在《论批评》(*Essay on Criticism*) 中对伟大的古典诗人说：

> 你们伟大的名字将响彻在未来国度
> 被今日未曾发现的世界所赞誉

第二行说的是，未来新科技的飞行器将会发现优越生物，它们会赞誉荷马和维吉尔（Virgil）的诗歌。

收集描述存在之链的文献很容易，其中一篇优秀短文来自15世纪的法理学家约翰·福蒂斯丘爵士（Sir John Fortescue）。他在阐述自然法则的拉丁文作品里写道：

> 在这个法则中，热的事物与冷的、干与湿、重与轻、伟大与渺小、高级与卑微都和谐相处。在这个法则中，天国里，天使之上有天使、层级之上有层级；地球上人上有人、兽上有兽；空中，鸟上有鸟；海里，鱼上有鱼；虫在地上爬行、鸟在高空飞翔、鱼儿在深海游动，没有不被存在之链的和谐法则所规范的。只有全是罪人的地狱宣称脱离了这个秩序的束缚……上帝造了林林总总的事物和生命，每一种生物都在某方面不同于其他生物，也因此在某方面高于或低于其他生物。从最高的天使到最低的天使，每个天使之上与之下，都一定有其他天使。[25] 同理，从人到最卑微的虫，每个生物都在某方面高于或者低于其

他生物。没有任何事物不受这个秩序的束缚。①

我所知道的一个更详细和流行的阐释是塞邦《自然神学》(*Natural Theology*) 的简写本，由蒙田（Michel de Montaigne）经父亲建议翻译成英文，这也是蒙田日后代表作的主题。② 简写版原用拉丁文写成，于 1550 年经马丁（Jean Martin）翻译成法语。书采用教士和教徒对话的形式，旨在教育年轻人，所以应该是当时最主流的观点，因此正适合给本书举证。

塞邦书里阐述的存在之链应是 16 世纪西欧普遍接受的观点。首先阐释初等存在，即非生命物质（inanimate）：元素、液体和金属。这些物质尽管都同样不具备生命，但品质却千差万别。水比土高贵，红宝石高于黄宝石，金高于铜，链上出现了不同的环。向上一级是有生命、无感觉的生物（vegetative），它们也有层级差别，例如橡树高于荆棘。再向上一级是有生命、有感知的生物（sensitive），里面包含三个层级，其中最低等的生物有触觉，但无听觉、记忆，不能移动，例如贝类和树底的寄生生物。往上是动物，具有触觉、记忆、可移动，但无听觉，例如蚂蚁。这类生物

---

① 克莱蒙特励爵（Lord Clermont）编纂出版，1869 年出版。本书的引用在奇切斯特·福蒂斯丘（Chichester Fortescue）的翻译基础上有所修改。［译注］福蒂斯丘"阐述自然法则的拉丁作品"是《论自然法的属性》(*On the Law of Nature*, *De Natura Legis Nature*, 约 1463 年)。他的《论英格兰的法律与政制》(*On the Laws and Governance of England*) 已有译本，见袁瑜琤译，北京：北京大学出版社，2008。该译本中的附录中也收录了此处引用《论自然法的属性》第一部分的部分章节，但并未收录这里引用的第二部分第 59 章，此处为译者自译。

② ［译注］蒙田著有作品《雷蒙·塞邦赞》(*Apoiogie de Raimond de Sebonde*)。中译见马振骋译，上海：上海三联书店，2006。

中较高的,例如马和狗等,具有上述说的所有感官。三层之上是人类,人不仅有生命、有感官,还有理解力(understanding),集所有自然现象为一身(人也因此被称作"小世界"或"小宇宙"[microcosm])。因为这链上已经有非生命物质,为了平衡的缘故,需要有一种纯理性或精神的存在,于是人的上方就有了天使,和人一样有理解力,同时又不被低级的感官所束缚。天使数量众多,在链中也如元素和金属一样各有各的位置。[26]虽然各种存在都在链上有精确位置,但其位置变化也是可能的。链同时也是一架梯子。元素是滋养品,滋润植物、果实、动物、动物皮肉、人,层层递进。同样,人也向上接近上帝。存在之链有教育意义,万物既有各司其位的奇妙,也有上升的暗示。

这是塞邦的论述要点。细节可以被填充上去,例如,过渡问题。如果要让链完整,那么一环的顶部必然连着另一环的底部。希格顿(Ranulf Higden)的《多重编年记》(*Polychronicon*)第二本中有这样的文字:①

在宇宙万物秩序中,每层的顶端触碰比之高一级的底

---

① 希格顿的《多重编年记》以特里维萨(Trevisa)的译本最为有名,但该译本的引文错误不少,我采取了自译。标准版本见"名册版系列"(Rolls Series)。[译注]希格顿(1280—1364)用拉丁文重写了《创世记》的七天。"名册版系列"为中世纪的英国历史材料合辑,全称为《中世纪大不列颠和爱尔兰史记》(*The Chronicles and Memorials of Great Britain and Ireland during the Middle Ages*),包含中世纪时期出版的历史材料,共99本书,253卷,出版于1858年至1911年间。该项目在1857年经由当时的"英格兰大法官法庭名册和记录官"(The Keeper or Master of the Rolls and Records of the Chancery of England)罗米利(Sir John Romilly)的提议开始实施,并由此得名。

端。例如，蚌，它贴着地面、不能移动、只有触觉，似乎是动物中最低等的了，不比植物高多少。地面的上方接触的是水的底部，水的上方接触的是空气的底部，这样上升的阶梯直达到宇宙的最外沿。因此生物体中最高贵的人，当内部体液平衡的时候，可以接触其上级的底部，即人的灵魂，它在精神层级的秩序中处于最低位置。

都铎早期，译自意大利文的作品中有一部是吉利（Giovanni Battista Gelli）写的《基尔克》（*Circe*）。① 原本1548年出版，书中写尤利西斯企图说服遭遇基尔克魔法、变为野兽的一些同伴复归人形。② 如果有人希望复归人形，基尔克就答应把他变回人类。整部作品基于存在之链的概念，野兽是否变形取决于它们在链中的位置。尤利西斯先从最低等的动物蚌开始（变形前是个渔夫），当然说服的胜算最少。他沿着存在之链向上说服，每升一级，胜算就多一点，到最后成功说服了野兽之王大象变回人形。

存在之链让人着迷的一个特质是：它允许每一个层级都能在某种方面独领风骚。[27] 这是毕达哥拉斯（Pythagoras）或柏拉图式的想法，在呼克尔《论教会政体》第一卷第六章里有严肃的表述。石头或许在链上处于低的位置，但它比自己上一级的植物强度更大，也更持久。植物虽然没有理性，却能更

---

① 书中采用莱恩（H. Layng）1774年的润色译本。斯威夫特（John Swift）《格列佛游记》（*Gulliver's Travels*）第四卷得益于吉利的《基尔克》。

② ［译注］尤利西斯即前文引用莎剧《特洛伊罗斯与克瑞希达》中的俄底修斯。

好地吸收营养。兽比人有更强壮的体魄和更深的欲望。人比天使有更强的学习能力,因为正是人的不完美才让人具有了学习能力,而天使们作为完美的存在,已然拥有了能拥有的所有知识。只有天使例外,它们有崇拜的特殊品质,所以不能宣称超越它上面的那级。

存在之链另一个让人称道之处是,在对它的各种阐释以及和它有关的描述中,大多数都显示每个层级都有一个首领。上文中吉利视大象为兽类首领就是例子。塞邦书中鱼类里的海豚、鸟类中的鹰、兽中的狮子、人中的帝王,也都是同类中的首领。对首领名单的最精细阐释之一是皮查姆(Henry Peacham)的《完美绅士守则》(Complete Gentleman),① 它出现在几乎是开篇的位置(有时对层级首领归属的看法稍有出入,兽中的狮子和大象,鱼类中的鲸与海豚,都可以被认作各自同类的首领)。

如果我们承认整个宇宙的结构和卓越的智慧的运作体系,它们制造了品质和效力有无限差别的万物,同理,也要认识到,每个类别中都应该有一物,它超然、突出,同时也处于统治地位。天体中,我们看到更高贵的、影响力更大的被张扬,而效力较小的被压抑。元素中,更纯净、效力更大的火处于最高位置。我们说狮子是万兽之王,鹰是鸟类之首,在鱼中是鲸和漩涡,象征朱庇特的橡树是树木之王。花中,我们最喜爱玫瑰,水果中是波密罗伊苹果(pomeroy)和王后苹果(queen-apple);在石头中,我

---

① 皮查姆的《完美绅士守则》1634 年出版,在《都铎王朝与斯图亚特王朝文选》(The Tudor and Stuart Library, Oxford, 1906)中再印。

们更看重钻石；在金属中，我们爱金银。既然我们知道根据事物的内在品质给其排序，那么为什么不据此也在人中划分出更高贵、更完美的呢？

在另外的层级中，上帝位于天使之上，[28]星球之尊是太阳，美德中以公正为紧要，人体以头为首。

文学中遍布这样的分级，它从属于一个更大的层级系统，略提一二的同时也意味着其背后是系统的其余部分，以及整个分级的宇宙。如果不知道这点，这些指涉就失去很多意义。《理查二世》（*Richard II*）第三幕第三场中，波林勃洛克（Bolingbroke）站在弗林城堡前说：

> 让他做火，我愿意做柔顺的水。

几行台词之后：

> 瞧，瞧，理查王亲自出来了，正像那报颜而含愠的太阳，因为看见嫉妒的浮云要来侵蚀他的荣耀，污毁他到西天去的光明的道路，所以从东方的火门里探出脸来一般。

约克（York）接话：

> 可是他的神气多么像一个国王！瞧，他的眼睛，像鹰眼一般明亮，射放出慑人的威光。

这短短的片段中有四个传统的层级之首：元素中的火、星球中的太阳、人中之王、鸟中之鹰。在第五幕中，理查德先被比喻成玫瑰，后被比喻成狮子。

存在之链助长了诗学想象，可以有多个作用：首先，它栩栩如生地描述了相互关联的宇宙,宇宙中无一部分是多余的;它强化了万物的荣耀,哪怕是最低微的物质也展现创世的荣光。像平民诗人赫里福德的戴维斯(John Davies of Hereford)写的:①

> 地上最高贵的离不开最低贱的,
> 最低贱的也由最荣光的侍候。
> 天上最神圣的
> 既服务于无理性的最底层
> 也统治着他们,范围涵盖天涯海角
> 所以万物皆有关联
> 居于统一之中。

[29] 或者又像书卷气的散文作家写的:②

> 自然无白费之力(natura nihil agit frustra)是哲学中唯一的无异议公理。自然中没有丑陋扭曲,也不会为填补空洞而造出不必要的事物。

这里面没有丁尼生(Tennyson)式的困惑,后者质疑自然提供多于发芽所需的种子是否过于仁慈。③ 然而。明显多余的

---

① 选自1602年出版的《如此精妙》(*Mirum in Modum*)。
② "书卷气的散文作家"是布朗爵士(Sir Thomas Browne)。
③ [译注] 丁尼生在1833—1850年间创作《悼念》(*In Memoriam*),质疑物种生存和自然选择:"我看到各处/她的神秘/看到五十个种子/而她却只将一个萌发"(That I, considering everywhere/ Her secret meaning in her deeds, /And finding that of fifty seeds /She often brings but one to bear)。

可被放置在前文所说创世阶梯的底部，问题就解决了。其次，存在之链是个隐喻，可以为具有神秘主义倾向的人解惑。无限多样的万物最终统一在存在之链中，链又提供了超越我们自身本性的上升之路。斯宾塞的阿多尼斯苑中各类物种紧紧贴在上帝的宝座脚下。诗歌里谈到最多的还是多样性这个原则，阿多尼斯苑即是佳例：

> 那里的生物品种有千千万万，
> 其中有些样子怪异，见所未见，
> 万物各具姿态，地盘千变万换，
> 全部排列有序，非常惹眼好看：
> 有的适合人的灵魂入驻弥漫，
> 飞禽之躯轻灵，走兽之形野蛮，
> 还有各种各样鱼类，色彩鲜艳，
> 丰富的鱼类数量有无穷无限，
> 辽阔的海洋似乎也容纳不定。
>
> （第三卷第六章 35 节）

这美妙诗句暗示多种可能，想要匆忙下结论必是鲁莽的。它们可能表达的喜悦可能来自获得新知，或是民族统一，也可能是发现之旅，甚至还可能是个人的，是天才发现自身智力高超时的激动。然而不论其内容是社会现象、私人感情还是神秘情结，它的艺术实现手段是存在之链中暗含的万物丰饶的概念。

弥尔顿用自己的方式同样成功地阐释了万物丰饶的含义。[30] 洛夫乔伊认为弥尔顿"宣讲丰饶的概念"（dialectic of the idea of plentitude）与"笔下的万物安排"（determining his scheme of things）并无多少关联,① 但诗人持有的万物丰饶的概念对其诗歌具有决定性的影响。弥尔顿对存在之链的直接运用体现为拉斐尔在造访伊甸园时给亚当的建议（弥尔顿绝顶聪明，称拉斐尔"披羽翼的天使长"，用这一个短语就概括了"纪律"的弦外之音）。②

> 披羽翼的天使长回答他说：
> "亚当呀，只有一位全能者，
> 万物从他生出，又转归于他，
> 万物如不从善良坠落，
> 可说是创造得完美无缺；
> 万物同一原质，而赋予各种形状，
> 依照本质的程度而给群生以生命；
> 各种不同程度的生命、活气、
> 各种生灵，在活动的世界里，
> 逐渐净化、灵化、纯化，逐渐接近
> 神灵，终于在各自的界限内，
> 由肉体努力提高而变为灵质。
> 所以植物从根上生出较轻的绿茎，
> 再从绿茎上迸出更轻盈的叶子，
> 最后开出烂漫圆满的花朵，
> 放出飘缈的香气。花和果，
> 人类的滋养品，也逐步上升，

---

① 《存在巨链》，前揭，页165。
② ［译注］"披羽翼的天使长"（the winged Hierarch），其中天使长Hierarch一词同时具有"等级"的意思。

沿着阶梯，上升到生物，到动物，
到万物的灵长，给以生命和感觉，
想象和理解，灵魂从中接受理性，
理性是它的本体，有推理的
和直观的两种：推理多半是你们的，
直观多半是我们的，这只是
程度的不同，实际是同类……"
（第五卷，行 468 – 491）

弥尔顿也坚持认为存在众多天使及其多种功能，他让亚当说与夏娃：

无论我们醒时或睡时，都有
不可见的千百万灵物在地上行走，
他们昼夜瞻仰神功而赞叹不止。
（第四卷，行 676 – 678）

然而，弥尔顿对"万物丰饶"的最佳诗学表达还在别处。首屈一指的是科马斯（Comus）诱惑小姐时说的话。科马斯在此处是令人畏惧的反派，[31] 是上帝的模仿者，重复但曲解着神学家对宇宙的阐释：

大自然伸出手来，好不慷慨豪爽，
就是满把满把散播着她的恩赏，
让大地盖满了芳香、牛羊和甜瓜，
让大海中繁殖不知其数的鱼虾。

(行 710 – 714)①

截至此处,还是顺应正统、赞美上帝的慷慨,但他话锋一转:

> 她这岂不是要教大家受用,快乐,
> 满足贪吃的口腹,又是为了什么?
> (行 715 – 716)②

科马斯把自己描绘成魔鬼似的享乐者,亵渎上帝的丰饶,但这削弱不了诗的效果和其中的自然丰饶的意味。另一个例子在《失乐园》第四卷中,伊甸园里的疯长是"无限的幸福"(Enormous Bliss);最后一例,第七卷中整个描述了以人为高峰的创世。③

另一部需要提到的作品是《暴风雨》(*Tempest*)。莎士比亚向来重视秩序,他在悲剧创作期非常重视人在存在之链的位置,即兽之上、天使之下。然而只有在《暴风雨》中,他才着意咀嚼存在之链本身的意义。人在这部作品中被远远放置到广义的宇宙背景里,剧中的天庭仿佛是真实的。天意让旧米兰公爵普洛斯彼罗(Prospero)和其女米兰

---

① [译注]弥尔顿,《科马斯》,杨熙龄译,上海:新文艺出版社,1958,页 36 – 37。

② [译注]同上,页 37。

③ [译注]《失乐园》中第七卷拉斐尔给亚当讲述世界是如何造起来的,生动描绘了上帝造万物,场面大气磅礴,最后上帝按照自己的形象造了人,并祝福说"要繁殖,住满全地并统治它,/驯服海中的鱼,空中的鸟,/和一切在地上活动的生物"(行 531 – 33,页 272)。

达（Miranda）在木舟上存活下来。命运把这个俗世当成工具。雷霆宣布那不勒斯王阿隆佐（Alonso）有罪。根据克里（W. C. Curry）的解释，① 剧中爱丽儿（Ariel）和其他精灵们都遵从文艺复兴时期的新柏拉图思想，而新柏拉图主义者是存在之链最主要的倡导者。普洛斯彼罗代表了人类的最高峰：他有法力，立志在默观中度过余生。弄臣特林鸠罗（Trinculo）和膳夫斯丹法诺（Stephano）是人中底层。奴隶凯列班（Caliban）几乎是兽，比一般人更能搬木桩，有更粗鲁的欲望，也更能幻想（文艺复兴时期的一种观点认为兽比人更精通幻想）；这部戏也少不了兽。普洛斯彼罗告诉爱丽儿后者被囚在松树中发出的呻吟：

你的呻吟使得豺狼长嗥，哀鸣刺透了怒熊的心胸。
（第一幕第二场）

[32] 剧中体现的创世的灵活让这部作品生动起来，同时它也没有无视创世的局限。凯列班虽然在人兽之间游走，但最后还是显示出他具有人的接受教育的能力。普洛斯彼罗也得到了教训，明白他不能够脱离人性。他最终承认了凯列班："我必须承认，这个坏东西是我的。"（第五幕第一场）——人无论怎样努力向天使靠近，还是摆脱不了体内的兽性，摆脱不了身体里的凯列班。

有意思的是，莎士比亚选择在剧的重要时刻引入此章探讨的存在之链的传统。他也曾在描述勃鲁托斯内心激烈

---

① 出自克里的《莎士比亚的哲学模式》（*Shakespeare's Philosophical Patterns*, Louisiana State University, 1937）。

争执的时刻引入传统的身体政治和宇宙的类比。上文中《理查二世》的引文中，领导者被比作各物种的首领（玫瑰、太阳等等），那里没有产生绝妙的诗作，但下面两段引自《安东尼与克莉奥佩特拉》（*Anthony and Cleopatra*）和《科利奥兰纳斯》（*Coriolanus*）的诗文就不一样了。克莉奥佩特拉在道拉培拉（Dolabella）面前称赞安东尼的话充满了对宇宙的暗指：

> 他的欢悦有如长鲸游浮于碧海之中。（第五幕第二场）

倘若不清楚鲸为鱼类之王的所指，这句的含义也就丢了一半。安东尼在狂欢的人群中如帝王一般突出，犹如鱼类之王鲸鱼跃出海面，背对海浪。奥菲狄乌斯（Aufidus）猜测科利奥兰纳斯会如何处置罗马时说：

> 我想他对于罗马，就像鹗对于鱼类一样，天性中自有一种使人俯首就范的力量。（第四幕第七场）①

鹗也称鱼鹰，是一种小型的鹰，在鸟类中称霸，鱼类应该自愿臣服，翻转鱼肚等着被捕。科利奥兰纳斯含着金钥匙出生。同样的王者品质也被（很可能是被莎士比亚）赋予了忒修斯（Theseus）。《两贵亲》的第一场：

---

① ［译注］此处用 aspray，现拼写为 osprey，与我们所说的鹗或鱼鹰相似。朱译为"我想他对于罗马，就像白鹭对于鱼类一样"。白鹭虽也食鱼，但更接近英文中的 egret，此处译为鹗或者鱼鹰更为合适。

别忘了，您的盛名
响彻世人耳鼓。您行动迅疾
[33] 却从不鲁莽，您第一道思绪
比别人的慎思更周全，思考
比别人的行动更有力，行动
迅猛如鱼鹰捕食，制服对手，
然后将其抓获。
（张冲译）

截至目前，本章引用的作家基本上是乐观主义者。虽然原罪给世界带来腐朽，但上帝的安排在他所创的世界中仍然显而易见，可是也有人认为世界都是腐败老朽的，比如多恩（在某些情绪中）和 1616 年出版了《人的堕落》（*Fall of Man*）的古德曼（Godfrey Goodman）。哈克维尔（George Hakewill）的《上帝统治世界的力与道》（*Power and Providence of God in the Government of the World*）回应了古德曼的观点，① 他认为世界仍然像初创时那样光明。这种争执可能因弥尔顿（站在哈克维尔一边）而更为人知，因为弥尔顿曾在大学时期写过一篇拉丁诗文《自然不朽》（*Naturam non pati senium*）。古德曼无法无视存在之链证明了这个概念强劲的生命力和教育功用。尽管世界的确存在腐败，但"万物之镜"的教导功能不容小觑。存在之链仍然提供了精神攀升的工具——尽管仅在理想化的阐释中。上帝除了设置自然法则也设置了礼法，以礼法的角度看待自然，才能有精神攀升的可能。

---

① 该书 1627 年发行首版。

我认为，人可能在万物中获得一些欢愉（如果有欢愉的话），人的思想可以被存在之梯或桥运送，直至到达对造物者的爱。上帝喜爱用自己的智慧在自然法则外另立一套礼法，而人心最喜爱神秘事物，会把整个自然做成仪式，万物都代表着某种精神层面的事物。

第五章 存在之链上的环

1 天使和苍穹

[34] 从上而下描述伊丽莎白时代的万物层级自然容易，但莫忘了，哪怕在中世纪，存在之链或梯也不是完整和谐的一条。部分组件显然都不能被放置于同一个单元。举例来说，土、水、火、气四大元素是非生命元素，按理说会比有生命的最低等生物还要低一级，可以想象，四种元素中最高级的火应在最低等的软体虫或者蚌之下。然而，四种元素的作用范围不只限于最低等生物。高层级之物并非由低层级之物组建，万物都由四种元素直接构成。因此，四种元素不能被简单归为链上的一环，它们应该是补充链，接在存在之链的主链上，与主链多处交叉。四种元素虽为非生命之物，但它们不仅与存在之链的下部发生关联，也能与链的上部或者至少是中部有关系。因此，非生命物质中最完美的部分也到达了远高于低等级生命物质的层级。换句话说，物质宇宙的上端不是动植物（尽管它们会影响动植物），而是天使们。讨论它们，也应该讨论天使。

尽管哥白尼和他的学说在伊丽莎白时代广为人知,① 但一般受过教育的人仍然信奉地心说(geocentric)。像现代人一样,他们承认宇宙的广博,但同时也认为上帝居住在恒星(fixed star)之外的"九天"(coelum empyraeum,也是弥尔顿所说的 empyrean)中,由天使们服侍。这个天堂名里显示有火,② 火是元素中最高级的,而天堂之火比普通元素中的火更高贵、最完美。[35] 天堂名里还有光,将上帝视为光。弥尔顿在《失乐园》初次描述天堂的诗句大致可以代表伊丽莎白时期的普遍看法:

> 这时全能的天父从天上,
> 从他所坐的高高的诸天之上的
> 清虚境,向下瞰视自己的作品
> 和作品的作品,都一览无余。
> 在他的周围,侍立着天上的圣者,
> 密如群星,得亲见他的容姿,
> 都有说不尽的至高幸福。
> (第三卷,行 56–62)

假如上帝居住的天堂和他创造的宇宙之间并未泾渭分明,它们中间存在一个有小天堂的中间地带呢?这个中间地带有什么作用,我后文详细阐释天使时会说到。宇宙到底由什么组

---

① 有关伊丽莎白时代哥白尼天文学说在英语流行读物中的盛行,可参考约翰逊(Francis R. Johnson)《文艺复兴时期英格兰的天文思想》(*Astronomical Thought in Renaissance England*, Baltimore, 1937)的前几页。

② [译注] Empyrean 源自古希腊语,其中词素 pyr 意为火。

成？众说纷纭。有的说有九重天，有的则说是十一重天。但没人否认地球之外，有着以地球为中心做环绕运动的层体，它们的直径从月亮层延伸到其他星球所在的层体，再到恒星层，逐渐增大。恒星之外是宗动天，它支配着其余各层的运动。宇宙中，月亮以里和以外有着巨大差别（英文 sublunary 的意思说明了一切）。① 月亮以里的世界是不稳定的、变化着的，以外的则是恒定的。虽然四种元素是组成万物的根本，但在这两区中，各种元素的配比并不一样：月亮以里的配比混乱，以外的完美。多恩说出了中世纪的理论：任何死去的，都是因为配比不平衡。因此，天堂能永恒，俗世会腐朽。二者的另一区别是月亮以里的空气厚重浑浊，以外的纯净，称为"以太"（ether）。卡克斯顿（Caxton）出版的百科全书中就说：②

> 这里（以太）的空气日夜永辉，纯净无比。人若是居住于此，从宇宙这头到那头，什么都会尽收眼底，不像在我们地球上，只能望到一英尺远，或者更近。

---

① ［译注］lunar 指与月亮有关的，而 sublunary 则意为"俗世的、物质的"，区别于"精神的"。
② 卡克斯顿（1422—1491）。下面引文出处是 1480 年由法语翻译过来的《世界之镜》(*The Mirror of the World*)，后被卡克斯顿印刷出版，早期英语文本协会（Early English Text Society）再版。法语原作可以回溯到 13 世纪中期。该书无论是法语版本还是英语版本，都非常畅销。在各种中世纪百科全书中，此本是与本书般配的一本，因为它们都立足全面和基础，写的都是公认的内容。引文出自早期英语文本协会版本的页 49，之后的引文也出自同一版本。

[36] 也有一种理论认为以太是第五元素，① 是组成从月亮往上之物的主要物质。越远离地球、越靠近天堂，气越纯净。与之相反，地球自身笨重粗鄙，越是接近地心，越是如此。托勒密体系中的地球相当于宇宙的化粪池，里面充满最恶心的渣滓，并不尊贵，也不是人类中心主义。弗朗索瓦一世（Francis I）时期一位法国人说过：②

> [地球] 极度贫乏，罪恶横行，仿佛吸纳了所有其他世界各个时期的肮脏。

托勒密体系中也没有什么渺小和拘束感。有可能伊丽莎白时代的人像后人一样，单纯因宇宙的广阔而心生畏惧。卡克斯顿百科全书的写手笔下的内容让没有什么文化的人惊叹，正如现代学者被天空的瑰丽所震撼。百科全书如此描述从地球到其他星体的遥远距离：

> 如果上帝创造的第一个人亚当，从被创的首日，以 25 英里/天的速度奔赴那星体，本书作者在写这些文字的时候，他应该尚未到达那颗星体，还有 713 年那么远呢！倘若有个石头从天堂掉下，它要落个一百年才到地面。

---

① 柏拉图理论认为月球之上的元素是完美混合的，"苍穹是第五元素"则是亚里士多德对柏拉图理论的修改。详见柏拉图的《蒂迈欧》（31 B）和亚里士多德的《论天》（*De Caelo*, I. 3）。

② 这个法国人是博伊斯鸠（Pierre Boistuau），他的《世界剧场》（*Théâtre du Monde*）在 1603 年由约翰·阿尔代（John Alday）翻译出版，引文出自书中的"致读者"。

有必要描述从天堂向下直到地球的物质宇宙,因为这些都是天使可能居住或到访的空间(这里的天使指的是天使族群,不是每个天使都会到访)。与对许多其他事物的看法一样,伊丽莎白时代的人保留了中世纪看天使的观点,但省略或混淆了其中许多细节。首先,他们相信有天使,同意布朗爵士的质疑:

> 怎么这么多有学识之士竟然完全摒弃形而上学、摧毁存在之梯、无视万物等级,甚至怀疑精神的存在?

[37] 伊丽莎白时代的人也明确认为天使在上帝和人之间,是纯理性的。它们也像人类一样有自由意志,但此自由意志从不违背上帝。天使可以不靠数字或者象征的协助而能迅速理解上帝。它们中间也有秩序,是上帝的信使和人类的保护神。伊丽莎白时代的这些观念和中世纪的人相同。然而,像新教改革者摒弃了大多数的宗教仪式一样,伊丽莎白时代的人也无视了很多天使等级秩序。

塞邦巧妙地描述了中世纪传统上如何看待天使的秩序:①

> 奴仆和下属的多少反映出王的荣耀的高低,如此推理,我们一定要相信天使数量巨大。上帝身边可差遣的天使成千上万,他又受数亿个天使的膜拜。更进一步,如果说物质宇宙中存在数不清种类的石头、草木、鱼、鸟、四足动物和在它们等级之上的人,那么同理,也一定存在不

---

① 此处及后文对塞邦的引用,均出自前文已引用过的《自然神学》。

同种类的天使。同时，不要以为天使因数量繁多而乱，它们中维持着精妙的秩序。

塞邦继而又讨论了地球上繁杂的秩序，之后他写道：

> 如果低等的俗世万物间保有秩序的话，那么，高贵的、纯理性的天使们中间一定有着独特的、具艺术性的、极其神圣的安排。毋庸置疑，它们分三个等级，或说三个九重天体系内的国度，每个当中又有高中低三等。

在描述天使的作品中，公元 5 世纪左右，新柏拉图主义的基督教神学家、人们通常称为"亚略巴古的狄奥尼修斯"（Dionysius the Areopagite）所写的《天阶序论》（*On the Heavenly Hierarchy*）影响最广。因阿奎那（Thomas Aquinas）和但丁（Dante）也接受书中观点，所以该书广泛流传。狄奥尼修斯认为天使们根据各自接受神力的不同而存在固有的秩序。它们了解自我，不带原罪，也满意自己的接受能力，不会妒忌比自己等级高的天使。[38] 能力稍逊的会仰仗上级做媒介接受神启。主要有三个天使级别。最高等级的天使是默观（contemplative）的，包括炽天使（Seraphim）、智天使（Cherubs）和座天使（Thrones），因而存在之链上的最高级别就是炽天使中的首领。第二级别的天使比第一级更活跃，但这只是一种可能性，并没有在行动上体现出来：它们的活动更倾向精神上的思考和态度，而非实际行动。这些天使细化为主天使（Dominions）、力天使（Virtues），以及能天使（Powers）。比这一级更活跃的是第三级的天使，由权天使（Principalities）、大天使（Archangels）和天使（Angels）组成。天使在天使群体中级别最低,是天使群和人之间的媒介,为上帝办事。中世纪的人认为这三级九等很重要,因为三级划分呼应三位一体(Trinity),同时,这九等对应中世纪广泛接受的九重天观点。这九重天从上往下依次是宗动天、恒星天、土星天(Saturn)、木星天(Jupiter)、火星天(Mars)、太阳天(the Sun)、金星天(Venus)、水星天(Mercury),还有月球天(the Moon)。九等天使依次对应和掌管九重天,例如,炽天使掌管宗动天,以此类推。狄奥尼修斯同时认为天庭中的天使等级也对应地球上的教会内部等级。

在伊丽莎白时代,狄奥尼修斯的理论并非无人问津,但失去了权威地位,有时被忽略或者改动。有必要问(我还没发现有人提出这个问题):伊丽莎白时期最知名的讨论天使秩序的段落有没有可能精确描摹了部分狄奥尼修斯所说的天使秩序?在《威尼斯商人》(The Merchant of Venice)中,罗兰佐(Lorenzo)对杰西卡(Jessica)说:

> 天宇中嵌满了多少灿烂的金钹,你所看见的每一颗微小的天体,在转动的时候都会发出天使般的歌声,永远应和着嫩眼的智天使的妙唱。①(第五幕第一场)

人们经常用柏拉图的音乐宇宙来解释这几句。可是,在柏拉图的构想中,每层天的运动都发出各自的声音,没有全部星体在歌唱的事情。然而,莎士比亚则想象所有恒星天的星球都

---

① [译注]莎剧此句原文为 still quiring to the young-eyes Cherubins,朱生豪译文为"永远应和着嫩眼的天婴的妙唱",此处"天婴"改为"智天使",更扣本节探讨的天使问题。

为智天使献歌。[39] 在狄奥尼修斯的理论中，恰恰也是智天使掌管恒星天。那么，莎士比亚在此处偏偏选用"智天使"而不是炽天使（除去诗文为了朗读时声音和谐而做改动的可能），这是巧合，还是他原本就知道天使分级的传统？

要想了解中世纪传统看法的自由改编，可以去读弥尔顿。他的作品中等级众多，但没有形成明确的秩序。与狄奥尼修斯不同，弥尔顿将大天使拔高到至尊位置，在炽天使和智天使之上。多恩熟稔许多中世纪传统并将其运用于诗中，默认读者也熟悉这样的传统。《空气与天使》（*Air and Angels*）的中心思想就是：天使的光芒太耀眼，人是受不了的，天使在人类面前现身时，会在苍穹中寻找可以附身之物。

> 因为，爱情既不能居于虚无，
> 也不能居于极端而散发着光辉的东西；
> 那么犹如一个天使，翅膀和面目
> 由空气构成，虽不那么纯粹，却穿着纯粹，
> 你的爱情也可以做我的爱情的天体。①

诗中对天使有相当准确和丰富的了解，将爱与天使寻找化身联系在一起。天使并不从虚无中寻找化身，化身也不是取材于天堂之火。他是纯精神存在，选择的化身虽比自己粗俗，但材料仍要配得上自己的纯粹，这材料就是苍穹——包裹着天体层的纯净气体。

呼克尔给出了受过良好教育的伊丽莎白时代的人的普遍观

---

① ［译注］傅浩译，选自《艳情诗与神学诗》，北京：中国对外翻译出版公司，1999，页30。

点，他认为天使

> 无物质形态的精神存在，是智力的，是神圣疆域中的光荣存在，这个疆域中只有光和天赐的不朽，没有泪水、愤懑、悲伤的影子，也没有不安的激情可以作用的空间，这里只有喜悦、安宁，和平永存；从数量和次序上讲，它们是荣耀、万能之军，完美恪守着它们仰慕、爱戴、模仿的最高者所定下的纪律……上帝是驱动自然的唯一，也驱动着智力存在，尤其是他的神圣天使们。它们仰望上帝的脸，为其卓越倾倒，[40] 它们都爱着上帝，为了上帝的美而着迷，依偎在他身旁，永不分离。它们渴望和上帝的善相像，竭尽全力为上帝创造的万物做一切可能的善行，尤其是为人类之子。天使们下望，在自己之下的人类婴孩中的自然面貌中看到了自己；当它们仰望看向它们之上的上帝之时，也看到这个存于天使自身和我们人类当中的相似的特性。

呼克尔并不想引起学界争端，他写的都是当时的基本共识：天使的智力本质，它们在存在之链上的位置，以及守护人类的职能。

人们普遍认同守护天使一说，许多诗人也都写过。《科马斯》中虽然把"守护的仙魂"（the Attendant Spirit）置于半田园的背景中，但表达的也仍然是正统观点。

> 我在朱夫宫殿门口住，星斗璀璨，
> 那地方真正是个温柔恬静之乡，
> 安居着光明而轻盈的不朽仙魂，
> 远离幽暗下界的烟雾和吵闹声。

> 这昏暗的下界,人类称它为土地;
> 像羊群似的关在、挤在这畜栏里,
> 他们因卑微的思想而抑郁不欢,
> 但求保住一个臭皮囊,不知疲倦;
> (行 1-8)①

"仙魂"是在俗世之上存在的智能。俗世是化粪池,这里被比作畜栏。"仙魂"生活在苍穹里,那是不朽天层,接着上帝在最高天的宫殿。《仙后》的下面这两节引文也是伊丽莎白时期信仰的关键:

> 高高在上的诸神们可有牵挂?
> 神仙们对凡人是否心存爱恋,
> 用同情和怜惜化去疾病恶念?
> 诸神对人有爱有挂念:要不然
> 凡人会比畜生还要可怜卑贱。
> 上帝对人子们心有无限恩典,
> 他用怜悯将人子们包围绕环,
> 而且派遣幸运天使来回往返,
> 服务于恶敌,让敌人意足心满。
>
> 难怪他们常常离开银亮卧房,
> 飞下来援助我们,替我们帮忙!
> 难怪他们常常扇动金色翅膀,
> 劈开曼舞苍穹的一层层幕帐,

---

① [译注]《科马斯》,前揭,页3。

[41] 就像捕快协助斗士与敌对抗!
为我们而战,时时守卫不离岗,
将光明骑士连安在我们四方,
全都是因为爱,不求任何奖赏:
噢,主对人为何如此关切相帮?
(第二卷第八章 1.2)

虽然呼克尔代表大多数的观点,但伊丽莎白时代确实广泛流传着不同观点,不容忽略。这些不同观点大都是柏拉图和普罗提诺思想的回潮,这思潮始于佛罗伦萨的费奇诺(Ficino)。他译介了上述两位哲学家。这些思潮经由多种渠道传播到英格兰,受到欢迎。其中一个主要渠道是本伯(Bembo)对爱的阐释,它在意大利人卡斯蒂廖内(Baldesar Castiglione)《廷臣论》(*Courtier*)的最后一卷,该书因 1566 年被霍比(Sir Thomas Hoby)译成英文而传播甚广。此次柏拉图思想的回潮创造了一种热切的理想主义,是文艺复兴的纯正标志,而文艺复兴这个文化阶段如今正渐渐失去身份,仅被看作中世纪晚期。现代人难以理解该思维习惯,它既是富于幻想的,又与现实紧密相连。它驱使锡德尼通过对斯黛拉(Stella)的爱来寻求成长,① 也推动他在"低地国家"(Low Countries)为荣誉

---

① [译注] 贵族出身的锡德尼年轻时曾爱慕一位同为贵族的女子佩内洛普(Penelope Devereux),但后来出于种种原因,佩内洛普嫁给了男爵里奇(Robert Rich),然而这段爱慕让锡德尼创作出了十四行诗集《爱星者与星》(*Astrophel and Stella*)。诗人自比为"阿斯托菲"(Astrophel,意为"爱星者",而"斯黛拉"(Stella,意为"星")则暗指佩内洛普。详见曹明伦译《爱星者与星》前言,保定:河北大学出版社,2008,页 9—11。

而战。也是这样的思维让伊丽莎白女王（在《仙后》中）变身为"贝尔芙波"（Belphoebe），但也不妨碍人们知道现实中的她是刁钻残暴的老女人。同理，正是这种理想主义促使伊丽莎白时期的英格兰人想象宇宙高贵神秘，而他们那时的卫生水平和人文标准之差让现代人咋舌。

中世纪人眼中的世界有数学的整齐之美，而柏拉图主义者让它少了齐整，多了画面感。比如卡克斯顿的百科全书中的一段就说得简洁清楚：

> 上帝把世界造成球体，像一个圆形托盘那样圆，让天堂绕着地球转，毫无差池，就像是蛋清包裹着蛋黄。天堂里一层气体包裹着另一层转动，拉丁语称作"苍穹"（Hester，［Aether］）。①

蛋清的外面就是上帝居所。［42］虽然也存在中世纪的柏拉图主义者，但这段话却最为人熟知。与它相对的是意大利柏拉图主义的版本，即罗梅伯爵（Count Hannibal Romei）《朝臣学院》（*Courtier's Academy*）中的一小段对宇宙的描述。② 坎波（I. K.）1598 年将其译成英文。③ 罗梅同样介绍了存在之梯的上升顺序，但他把"自然"认作智力存在，把她搬到了人类上方、天使脚下。"自然"是柏拉图口中的"世界灵魂"

---

① 《世界之镜》，前揭，页 48。

② 罗梅伯爵这本书是朝臣的必备读物之一，1546 年出版，书中前言描述了费拉拉城（Ferrara）的上流社会生活，而罗梅阐释的宇宙观则出现在书中第一则《美》（Of Beauty）。

③ ［译注］I. K. 为 John Keper，一个当时的诗人。

(Soul of the world)，给予世界生命和形状。罗梅认为作为万物的自然"给可繁衍和腐化的物质刻上神的印记"。作为智力存在的"自然"永不犯错，她"指引无智生物"。自然之上，则是狄奥尼修斯的天使秩序。

罗梅的解读给自然以灵魂，即所谓"产生自然的自然"（natura naturans），而非"被自然产生的自然"（natura naturata）。前者说自然有创造的能力，后者只是讲自然被创造。罗梅这个稍微非正统的解读扩充了精神和智力之物的内容。我有必要在此解释一下什么是正统的解读。伊丽莎白时代的人对自然有诸多讨论，在研究该时期世界图景时不能省略它们。人们同意自然有法则，她坚定不移地按自有的规律运作，但有个问题并没有得到解决：在运作时，自然是自愿的，还是被动的主体（agent）？正统的呼克尔说得很明白：自然不被允许有自由意志，不属于神的级别。她遵谨遵上帝的规矩，连主体都不算，应当是上帝直接而又无意识的工具。自然中的不同现象必须发挥各自的正当作用，才能保有身份，但它们对此却并不自知。它们按照上帝的旨意而不是自然的驱使运作。"自然除了上帝的工具之外别无他用。"哈克维尔认为各式天体也是这样。《诗篇》的作者讲述太阳如何知道自己升落时，用的形象化的语言：

> 预言家表示，太阳知道自己既定的运动轨道，分毫不差，从未有一点偏离。哪怕太阳有了知识和理解力以后，也还是会这样做。倒不是太阳有灵魂或能够运用理解力，[43] 这样说是因为它谨遵上帝制造的轨道和方式……异教徒认星体作为神明显是谬误。倘若只是因为星体运行轨

道的确定性就将它们视为神明，那就错了。这恰好反证了它们不是神，因为它们不能偏离既定轨道。如果是神，它们就可以在天庭自由移动，像地球上的生物一样。地球生物因有自由意志，所以能够随意游走。①

另一种柏拉图主义式的观点，美妙却不负责任，它来自斯宾塞的《圣美的颂歌》。诗中，物质宇宙中的天体层不像中世纪体系中的那样受各级天使的掌控，它们是由其他理想的原型经柏拉图式的复制而来：

> 遥在这我们看到的天堂之上，
> 有远亮于这些的其他天堂，
> 无约束，不腐朽，与这些一样，
> 但无限广阔和高远，
> 不动、不朽、光洁无瑕，
> 不需要太阳照亮它们的疆域，
> 它们天生的光芒远超自身。
>
> 我们看到的天体层按级别上升，
> 直到第一驱动者宗动天，
> 他有着巨大的范畴
> 带动着其他所有运转；
> 所以它们一个包着一个旋转，
> 升向更纯粹，直到最终到达
> 最纯粹，那是它们的目标。

---

① 《上帝统治世界之力与道》，前揭，第二卷，第二章，第二节。

斯宾塞在这些天体层中排列了种类奇特的居住者：最底层的是美德之人的灵魂；往上是柏拉图的理念（Ideas）与智能（Intelligences）；再往上是能天使和君主（Potentates）；接着往上是议会（Seats）和主天使；它们上面是炽天使和智天使；最后服侍上帝的是大天使和天使。斯宾塞觉得应该把柏拉图理念安插进天堂秩序，从中可见伊丽莎白时代的怪异。

另一个广泛流传、强有力的柏拉图主义阐释则与掌管物质宇宙中天体层运动的天使有关。[44] 当代普通读者从多恩的诗中熟知这条阐释，例如《耶稣受难节——西行》（*Good Friday: Riding Westward*）。多恩在诗的开篇把灵魂比作一个天体层，把灵魂的虔诚比作掌控天体层的智能或者天使。这样的类比并非只是多恩自己对中世纪主义的阐释，而是当时流行的正统思想。呼克尔就曾暗指过。古德曼也认为宇宙的天体层运动委实复杂，只能推断它们被智能主宰，而智能"实际就是天使们"。即使是月球层的运动也因能影响潮汐而神秘。古德曼的反对者哈克维尔也承认传统中智能的角色：

> 天堂由天使调遣运动。这是柏拉图主义、逍遥派（Peripatetic）和廊下派（Stoics）的共识。哲学流派中广为人知的承认神意的哲学家，最博闻的基督教神学家，也都认同这个观点。

智能在存在之链的理论中也很重要。理论后来复杂起来，涵盖了种种被各层级生命占据的世界。但这之前，智能通常被认为是最底端的天使，连接着人类中的最高级个体。

柏拉图主义者津津乐道于讲解智能的作用。他们不仅认为天使掌握着天体层运动，也认定这些天使与柏拉图所说的天堂的塞壬们（sirens）相同，它们坐在天体层上，各自唱着不一的曲子，谱出了有着震慑人心之美的和谐。亚里士多德曾对柏拉图的解释一笑置之。两位大师相反的立场也让这道题目成了永恒的学术争端。哈克维尔所言高度概括了此事：

> 很多学识颇丰的古人，凭着丰富的想象力，认为天体运动产生优美的旋律。这个想法首先经毕达哥拉斯提出，获得了柏拉图的接受，由马克罗比乌斯（Macrobius）和一些基督教神学家忠实贯彻，包括柏达（Beda）、波埃修斯、坎特伯雷的安瑟伦（Anselmus of Canterbury）等人在内。然而，亚里士多德则嗤笑道：这种看法只不过是愉快悦耳的幻想，实际上是不可能的。

[45] 不管争论点落在哪里，总之，天体层的音乐让人类着迷，也赋予诗人们灵感。弥尔顿《阿卡迪斯》（*Arcades*）一诗中，丛林守护神描述他在完成白天的守卫丛林任务后，如何倾听神圣的音乐：

> 深夜，当睡意
> 锁住了凡人的感官，那时，我
> 听着天上塞壬的和谐妙曲，
> 它们坐在九天之上，
> 唱给那些手握重要剪刀的，
> 让金刚纺车转动，
> 那里纺着神和人的命运。
> 如此甜蜜的冲动躺在音乐里，

> 诱惑着必然女神（Necessity）的女儿们，①
> 让不规律的自然遵从她们的规定，
> 低等俗世也跟随着这天体的音乐，
> 规律地运动，这音乐
> 是没有净化双耳的人类所听不到的。

最后增加的柏拉图理念，即人类是肉眼凡胎，听不到天堂音乐，或者说，肉体阻挡了我们自己"小宇宙"中的相应音乐，也被莎士比亚所熟知。罗兰佐在对杰西卡说完"智天使的妙唱"之后，说：

> 在永生的灵魂里也有这一种音乐，可是当它套上这一具泥土制成的俗恶易朽的皮囊以后，我们便再也听不见了。(第五幕第一场)

此处有更进一步的想象，即认为人在堕落前听得见音乐，这是将柏拉图与《创世记》结合的完美例子，它强烈地吸引着伊丽莎白时代的人和其他也接受这种结合的时代中人。前面引用的锡德尼《为诗辩护》的那段中已有这类表述。诗人的头脑能超越现实的事物，例如，对天体音乐的构想：

> 这对于不信那亚当的倒霉的原始堕落的人，真是个不小的论证，——因为我们的善于思考的头脑使我们知道了至善，然而我们的被污染的意志却使我们达不到它。

---

① ［译注］古希腊神话认为命运由三个女神（moira）纺线而决定。她们被认为是必然女神阿南刻（Ananke）的女儿。

假如伊丽莎白时代的人相信在地球层之上还有纯净和福祉之地，天使居住其中，[46]且其中一些为上帝跑腿或守护人类，那他们同样也相信一部分天使堕落、坠入地狱、伤害人类。各个流派都认为这些天使因为自傲而堕落。呼克尔对这个问题的论述即符合传统，又是当时的流行观点。邪恶天使自愿堕落，因为它们背弃上帝和上帝创造的万物（上帝之善的明证）转而崇拜自己。

> 没有别的方式让天使犯罪，除了它们把理解力用到自己身上：当天使们仰慕自己的崇高与荣耀之时，它们从属于上帝、仰仗上帝的记忆便已溺亡在这自负之中。它们对上帝的崇拜、爱和模仿也不可避免地被打断。因而，天使的堕落是自傲。①

更进一步，人们都认为，根据早期基督教教义所述，堕落的天使或现身为异教的神灵，或消散在物质宇宙的各个角落。呼克尔说它们

> 被驱散，一些在空中，一些到了地上，一些在水中，一些在地下的矿物质、洞穴中……异教将这些恶灵封圣，代替神，恶灵和神两者都被称为地狱的神，其中一些出现在神谕（oracles）中，一些于偶像崇拜中，一些是家常神灵，一些成了仙女。一句话，恶灵都是以形形色色的方式被人推崇为类似上帝的存在，直到光现于世、销毁魔鬼劳

---

① 出自《论教会政体》第一卷第五章，本书其他对呼克尔的引用均出自该书的第一卷，但并未加注章节细节。

动成果的那一天。

有关天使和恶魔的传说极具吸引力，以致在某些范围内继续存在了很长时间，并保留了很多中世纪的细节描摹。勃顿（Robert Burton）书中对神灵本质的长篇论述是经典解释。① 中世纪所坚信不疑的到了伊丽莎白时代已经降格为仿古热潮。为说明这一点，有必要援引勃顿的例子。

像狄奥尼修斯总结了天使等级一样，经院哲学家和牧师们论述了九种邪恶的神灵。首当其冲的是非犹太教的假神们，他们此前被想象为一些形象，被崇拜，在德尔斐（Delphos）和其他地方给出神谕，[47] 以别西卜（Beelzabub）为君主。第二级的是说谎者或说话模棱两可者，比如阿波罗和皮西厄斯（Pythius）之类。第三级的是愤恨者，他们是所有恶作剧的始作俑者，其首领是彼勒（Belial）。第四级是蓄意报复的魔鬼，他们的君主是阿斯魔蒂斯（Asmodeus）。第五级是欺骗者，例如魔术师、巫师等，他们的首领是撒旦。第六级是空中的魔鬼，他们污染了空气，引发瘟疫、雷电和火灾等，在末世论中有所提及。圣徒保罗对以弗所人（Ephesians）说，他们是气中的君主们，其首领是米瑞辛（Meresin）。第七级是破坏者，暴怒者的首领，引发战争、动乱、骚动、起义等，在末世论中被提到过，称为亚巴顿（Abaddon）。第八级是控告或

---

① 此处勃顿的长篇论述指《忧郁的解剖》中第一卷第二章（Anatomy of Melancholy, I, ii）。

污蔑的恶魔，逼人入绝望之境。第九级是几种性情，其头领是曼蒙（Mammon）。①

中世纪的人热衷数学思维，他们确实需要九种邪恶天使来对应九种良善天使。但勃顿继而又漫不经心地提起普塞洛斯（Psellus）对邪恶的六分法。勃顿生活的时期不是不相信邪恶神灵或巫师，而是对这些另有看法。

勃顿的这个选段把我们从狄奥尼修斯的崇高天堂带来的神秘喜悦，带到接地气的民间传说和迷信。在此，正统的天使与仙子相提并论，邪恶神灵和精灵、妖魔不分，但这个庞杂的话题在本书范围之外。

本书探讨伊丽莎白时代里的稳固的信仰，读者或许会认为我花太多笔墨在天使上了，可能会问，天使真的在这个体系里无时不在吗？答案仿佛真的如此，并且人们一直有这样的意识，认为天使的美德在人之上，但也不是与人分毫不像。呼克尔可能代表了普遍看法：

> 众天使在其工作的种类和方式上，也不跟我们相距那么远，在他们天上运行的法则和必死世人的行为之间，具有某种类比，因此多少认识他们的法则，也对我们有益。②

---

① [译注] 别西卜，《圣经》中被异教徒崇拜的偶像，在弥尔顿《失乐园》中被描绘为堕落的天使，居于撒旦左右。皮西厄斯，罗马神话中与魔鬼为友。彼勒，希伯来圣经中的魔鬼。阿斯魔蒂斯，《托比特书》（The Book of Tobit）中的魔鬼之首。曼蒙，被视作贪婪的象征。

② [译注]《安立甘宗思想家文选》，章文新等译，页23。

2 星体与命运

[48] 有种观点说得好：在伊丽莎白时代的人们看来，推动历史的力量是天意（Providence）、命运（Fortune）和人性（Human Character）。① 本书对存在之链的阐释大体上遵从这个顺序。目前为止，我们主要讨论的是神圣秩序和上帝施加压力、维持秩序，以及恒久不变的天堂与完美的精神存在。现在，我们来探讨星体如何通过遵守上帝既定不变的秩序来掌管月球以下空间的多变命运。这些星体是永恒和无常之间的纽带，它们与雪莱诗中的玻璃有一样的功能。那首诗中，百万块花玻璃构成的穹庐之顶，让永恒的白光变色。② 玻璃本身不能改变，但可以制造改变。

纵然表示星体运行和命运变化的意象不尽相同，但两者对世界的影响实为一致。文学和图式中常常用转轮来说明命运变化，有时意象细致具体到荒唐的程度，并不能让读者或观者联想到星体和它们无处不在的影响。有的画像非常形象地描摹人穿着寻常

---

① 这句评论来自布里格斯（W. D. Briggs）编辑的马洛的《爱德华二世》（*Edward II*）（London, 1914, p. xcv）。

② ［译注］雪莱的诗《阿多尼》（*Adonais*）是悼念诗人济慈（John Keats, 1795—1821）的挽歌。诗中第52节说："一"将长留，万象会变化，消逝；／天的明光永照，地的阴影将飞去；／生命像一座色彩斑斓的玻璃屋顶，／污染着永恒所射出的洁白的光辉，／直到死亡的脚把它踩碎。参见江枫译，《雪莱抒情诗全编——玫瑰集》，北京：北京十月文艺出版社，2014，页211。

衣物，靠着或者被绑在一个类似大轮子的物件上，正在被抛上空中，或者被毫无尊严地赶到地面。又如《哈姆雷特》中：

> 去，去，你娼妇一样的命运！
> 天上的诸神啊！剥去她的权力，
> 不要让她僭窃神明的宝座；
> 拆毁她的车轮，把它滚下神山，
> 直到地狱的深渊。
> （第二幕第二场）

总之，普遍认为星体左右着地球事物的变幻无常，命运是这无常的一部分，只作用于人类身上。

在基督教的早期与成长期，广泛存在着对星体的恐惧，[1]占星学盛行。恐惧导致迷信，只能通过魔法消除星体的敌意。[49] 基督教会的主要任务之一就是减少异教占星的迷信，让异教徒皈依。然而，彻底消灭迷信是不可能的，因此教会没有完胜，也不会完胜。伊丽莎白时代也如早期一样，正统信仰利用宗教权威来说明、规范人们如何认识星体的影响，但即便这样，还是避免不了原始迷信和恐惧的渗入。

我不关心迷信的恐惧，它并非伊丽莎白时代特有。但需注意的是（有时人们会忽略），迷信也不总是意味着恐惧和损失。如果人类必须在如下两个中做出选择，宇宙完全无视他，或者宇宙注意到了他但却加害于他，那么他不妨选择第二个。今人却也不

---

[1] 早期基督教思想中认为命运残暴的相关论述，参见法纳姆（Willard Farham）《伊丽莎白时代悲剧的中世纪传承》（*The Medieval Heritage of Elizabethan Tragedy*, University of California Press, 1936）的第一章。

必为我们的时代早已摆脱迷信而欢呼,因为我们有更加危险的诱惑要降服,那就是"绝望"。我也不关心实用占星学的细节。虽然有星座的划分,并且很多细碎的道理也被保留下来,但如前文所言,游戏的规则已经变了。中世纪和伊丽莎白时代占星的区别如同真正的网球和它的简版之间的差别,两种运动皆有热衷者。

不管是极度正统,还是本能迷信,伊丽莎白时代的人都认可存在一种巨大的力量,它掌控着世界的外在命运。十二宫各自为政。星体时刻忙碌着,它们的影响交汇,造成一系列貌似混乱的局面。理论上讲,这都有迹可循,也可预见,但实际上,它远超过人类的智力范围。星体的作用不尽相同,而月球推动变化的发生。尽管有像《李尔王》(*King Lear*)中爱德蒙(Edmund)那样的怀疑论者,尽管人们厌恶、讽刺冒牌占星者,但也不妨碍这个时代仍相信星体影响命运。

不要以为星体给自然秩序带来混乱、颠覆天意,因为混乱也在上帝计划中。[50] 为什么上帝允许混乱存在,答案显而易见:其实并非上帝允许混乱,而是人类把混乱加给自己和物质宇宙。星体性本善,在被创造出来后,意在协同为善。用古德曼的话说就是:

> 星体大致希望地球丰饶,每个星体都各有职能和义务。倘若美德叠美德,这些职能影响相加,势必让行动臻于完美。固然,某个统治的手和天意搅动,因而让相互对立的状态现行,地球对天堂,或天堂对地球。但分裂的根源酝酿于地球,也存留于地球,从这里,产生了第一批混乱。①

---

① 古德曼,《人的堕落》,前揭,页17。

此后，古德曼更进一步解说麻烦的来源：

> 在这场自然的大混乱中，天堂和地球似乎预示了最终的毁灭，允许我还有约拿（Jonah）船上的水手们一样掣签寻找这恶的最初来源。哎！哎！签落在了人的身上。在所有生物中，人有自由意志，有行动选择。只有人才能够越界，其他生物也就被完全排除了作恶的可能。（我承认）惩罚也能发生在这些生物身上，但最主要的惩罚对象是人。①

人的堕落是让自身陷入命运残暴统治的罪魁祸首，所以，人不能埋怨，只得尽可能接受惩罚。上帝在人堕落的刺激下，让星体对俗世的影响相互冲突，但上帝也调节这些冲突，犹如谨慎的君王，挑拨有野心的贵族相互争斗，用以维持权力平衡。有个叫诺登（John Norden）的人写过一首平庸之作，这样评价万物变迁：

> 如此冲突必须存在，
> 冲突则不会出错。
> 何故？最强大之物没有阻碍，
> 终将过于强大，压倒一切。
> 因而定要在它们之中设定如此方式，
> 让万物之中有紧密的冲突关系，

---

① ［译注］典故出自《约拿书》，上帝让约拿去警告尼尼微大城的居民，而约拿却逃避上帝，躲到船上。上帝因此掀起风浪。船上的水手提议掣签，看看是谁为他们招灾。签落在约拿的身上。最后大家在约拿的提议下，将他抛至海中，平息了风浪。

为了平衡，冲突的双方也应有近似的体量。

［51］天庭的相互制约也暗含着平衡，"温和的水星"综合"邪恶的火星"，因此等级秩序得以维系。

不管正统神学如何悲观地认为人因堕落而承受命运的严重惩罚，但其实它总是反对将人认作时运的奴隶和受害者的迷信。在中世纪看来，这个教义的经典阐释出自波埃修斯，他也被伊丽莎白时代的人所接受。《哲学的慰藉》主要讨论人承受命运打击的力量。没有必要再重复该书和其他同类论述中被引滥了的伦理。它们的主要观点是人拥有承受命运打击的能力。说到底，命运像自然一样，都是上帝的工具，是人之师。良善之人终将永远幸福，邪恶之人在其恶的计划成功时反而最不欢喜。

雷利在《世界史》中有一节对星体的精妙论述，我最好是转述总结，来说明伊丽莎白时代受过良好教育者的代表性观点。雷利在论述的开始指出，不应认同迦勒底的斯廊下派（Chaldaeans Stoics）和其他人认为星体必然束缚人类的看法，但说星体只是装饰也不对。

> 倘若我们相信上帝将功用赋予溪和泉、冰冷的大地、植物、石头、矿物，甚至是最低等生物的排泄物，那为何剥夺美丽星星的功用？看到繁星美丽、众多，我们不会认为无限上帝的智慧宝库有不足，没有给每颗星星独特的美德和功用，因为每个装点地球的草木、果实、花朵都同时有其独特的功用。它们被创造出来，不仅仅是为了美化地球、遮盖其尘面，更服务于人与兽，供其果腹与疗伤。苍穹中这些数不尽的荣耀星体并非除了装饰，再无他用，它

们是上帝神意的工具和官能，由上帝的公正意志来决定。①

若不过分拔高或贬低，我们可以说星体并不自治自足，而是"开放的书，包罗和管理未来的万象"。[52] 只是这些书完全超出了人类的理解范围。我们甚至对脚下的植物都没有多少了解，又怎能期待读懂头上的星体呢？找出星体和命运的联系很难，我们只能走中庸道路：

> 在貌似必然的命定论中，我们像无信仰者一样，不让上帝与他所创之物捆绑在一起，所以相应的，也不剥夺这些美妙生物的能力与作用。一旦这些第二因（second cause）挑战上帝的权威，或者上帝本身用天体施加影响，强迫人的头脑和意志，使人作恶，那么作恶的借口当然是正当的。

可以确信，星体影响作用于人身，掌管人心理状态的改变。如果一个人意志薄弱，脾气又坏，就很容易受星体影响，会忘记让理智指导情感，在星体的影响下屈服于情感，变得如兽一般，而"星体作为上帝神意的执行者，对兽有着绝对领导"。但是，星体对人神性的那部分却不一定有作用。"如若抵抗，是会征服命运的；如若放任，则被命运征服。"自然世界和人为世界中都有能抵制星体影响之

---

① 雷利，《世界史》，第一卷，第二章，第 11 节。[译注] 经核查，作者的标注有误，应为第一章，详见 Raleigh, *The Works of Sir Walter Raleigh, Kt.* now first collected, in eight volumes, Vol II. Oxford, 1829, p. 28。

物。自然世界中：

> 亚里士多德承认天堂之物不总是给低于它的物种施加影响，就好比并不总是出现风和雨。还有很多时候，这种父系支配性质的善与恶也会有相反效果。

谈到人为世界，雷利论述教育能加强或削弱星体效果，头头是道。

> 在上帝能力之下，没有什么比教育更能打破星体影响的条条框框，并起着统治作用。世界上没有哪个恶人不能被宗教训导、培养和革新。本性好的人，假若放松束缚，与放荡之人为伍，也会腐化堕落。

星体定为良善的人，如果得到教育，就会产生至善；星体定为邪恶的人，若与恶同流，则会产生至恶。[53] 上帝在全部之上，不总是与星体的持续活动捆绑在一起，就如同君主不总受法律条文的约束。

> 法律不剥夺君王自然本性里的或宗教上的同情心，没有到不留给君王丝毫自主判断力、权力和良知空间的地步。法律本质上是个耳聋的暴君。

伊丽莎白时期文学中遍布对星体的可能解读，从"人类仅是星体的网球"到"人类的错误不关星体，只源于自身"。当时盛行的教义是：人类拥有自己的意志、星体的影响可被抵制，然而这个看法还没得到我们当代的广泛认可。大家常常以为伊丽莎白时期的典型思维是无奈地承认命运的不可更改。

《行政官宝鉴》(*Mirror for Magistrates*) 中一系列悲剧故事很容易印证当代的这个看法,① 因为书中每个人物都不可避免地走向毁灭。萨克维尔(Thomas Sackville) 也在该书引言中不断指出这些人物都是命运的受害者,星体为整首诗提供了背景:

> 抬头望向天堂的绚烂,
> 夜晚的星辰光芒遍布,
> 金色的华彩自古就已照耀,
> 这是欢愉的菲比斯从他的属地散播的光芒,
> 因他看到黑暗渐渐压制白日;②
> 我见天之景,
> 只想到地上种种变迁。

凯德(Jack Cade)③ 的故事开篇一语道破真正的教义:

> 是命运还是我自己刚愎自用,
> 让我崛起却又摔下?
> 还是星体与我己身合力,助长我,
> 让我极端无惧?
> 不论哪样,有一点,我很确定,
> 各位也该谨记:
> 我们的欲望和意志促成了我们的恶

---

① [译注] 都铎时期诗集,以历史人物的口吻讲述其故事。
② [译注] 菲比斯,太阳神。
③ [译注] 凯德领导了 1450 年的肯特郡农民起义,反对亨利六世。

[54] 或许星体从中帮忙，
让我们的身体和习性支配着头脑向恶，
但是星体不能完全控制走向
我们的欲望和心意也起着作用，
天与地都被判断力统领。
上帝的判断力统领一切，是如此强大；
人也可以用判断力指挥属于自己的事务。

纵然欲望顽固、意志恍惚
（体液混合所决定的人的性格，是天意计划），
然而上帝将理智赋之于人，
所以没有欲望或心意顽固到
不被控制或铲除；
因而也没有什么能强制我们的头脑
发挥邪念或是失心疯。

《李尔王》中虽然有很多星体主宰命运的复杂片段，然而本质却和雷利《世界史》或者《行政官宝鉴》如出一辙，并非不同寻常。葛罗斯特（Gloucester）愚昧、迷信。李尔显然是命运的受害者，但不知为何，他的判断力犹在，所以当他对考狄利娅（Cordelia）说出如下内容时，还是让人信服的：

在囚牢的四壁之内，我们将要冷眼看那些朋比为奸的党徒随着月亮的圆缺而升沉。（第五幕第三场）

爱德蒙那有名的对迷信的讽刺就不这么简单了。葛罗斯特把日食归结于当前社会中的恶行，并刻画了一个典型的"纪

律"缺失后的图景。

亲爱的人互相疏远，朋友变为陌路，兄弟化为仇雠；城市里有暴动，国家发生内乱，宫廷之内潜藏着逆谋；父不父，子不子，纲常伦纪完全破灭。(第一幕第二场)

爱德蒙在父亲退场后尖酸地评论说：

人们最爱用这一种糊涂思想来欺骗自己；往往当我们因为自己行为不慎而遭逢不幸的时候，我们就会把我们的灾祸归怨于日月星辰，好像我们做恶人也是命中注定，做傻瓜也是出于上天的旨意。做无赖、做盗贼、做叛徒，都是受到天体运行的影响，酗酒、造谣、奸淫，都有一颗什么星在那儿主持操纵，我们无论干什么罪恶的行为，全都是因为有一种超自然的力量在冥冥之中驱策着我们。明明自己跟人家通奸，却把他的好色的天性归咎到一颗星的身上，绅士绝妙的推诿！我的父亲跟我的母亲在巨龙星的尾巴底下交媾，我又是在大熊星底下出世，[55] 所以我就是个粗暴而好色的家伙。啊！即使当我的父母苟合成奸的时候，有一颗最贞洁的处女星在天空眼睛，我也绝不会换个样子的。(第一幕第二场)

爱德蒙在这里把自己描绘成一个极恶之人；明知故行，不是上帝的仆人，而是猿猴。爱德蒙的论述和雷利所说的亵渎同理，即让"第二因""挑战上帝的权威"，或者想象"上帝本身用天体施加影响，强迫人的头脑和意志，使人作恶"。爱德蒙公道地批判了父亲的迷信，但同时也鲁莽地"剥夺这些美妙生物的能动与作用",大言不惭,认为他的邪恶能战胜任何星宿施加的美德。不管爱德蒙如何揶揄自己的身世,我们读者可能应当将他看作星体的作用和人心的结合而产出的最恶劣的那群人中的一个。如果是这样,他用刻薄话否认星宿的作用,其实正与他的意图相反,起到了反讽的戏剧效果。

普洛斯彼罗与爱德蒙正相反。在他身上有强大的理智。当星体与他相对时,他蔑视星体;当星体有助于他,他便借用其力造福于世。也许凯列班"朽木不可雕"的劣性也与星体有关。雷利说:星体对植物与兽有着绝对的控制。凯列班突出的自然情结可能暗示他与植物走兽的干系,所以他屈服于这种控制。他深受天的支配,也只能是现在这个样子。

3 元素

据亚里士多德所说,苍穹做着永恒圆周运动。伊丽莎白时期受过良好教育的人不管是否深信这个论断,都认同四种元素的运动和属性。① 当克莉奥佩特拉说她由气与火组成时,有知识的观众至少不用费力苦想就能明白。气与火直行向上,[56] 土与水直行向下。

由于"元素"一词的意义变迁,现代人很难理解中世纪

---

① 斯蒂尔(Robert Steele)的著述是关于中世纪和伊丽莎白时期元素论的重要文献。详见《莎士比亚的英格兰》第一卷(页462)关于炼金术的文章,以及《中世纪学说》(*Medieval Lore*, London, 1907),该书包含安吉利克斯(Bartholomeus Anglicus)书的摘录,由斯蒂尔编辑、加注并评述。[译注] 安吉利克斯,13世纪神学家。

与现代科学如此不同。一种元素被看作某个事物经解析后显示的最终构成成分，而四种元素说是对原子理论的初步、笨拙地探索，而不是反过来。就如同中世纪认为上帝是所有存在的来源，是"一"，后来才被以这样或那样的方式离析。同理，物质也如同"一"，而元素也并非最终形态、不可分解。它们首先是由物质作用而产生的特性（qualities），特性源于热、冷、干、湿的概念，比如，土元素就代表物质中干和冷的特性的合体。换句话说，人们通过效果看元素，用元素作用在普通物（common substance）上的效果，加上它们与天体共同作用，以及偶有的上帝干预，来解释俗世的运行。在普通人看来，元素也不仅限于某种特性或效果。尼默修斯把这个普遍看法说得再明白不过：

> 每种元素都含有一对特性，它们构成了元素的本质。特性自身不能等同于元素，因为特性并无实体形式（body），而实体物质不能由无实体形式的东西构成。所以必然是，每种元素是实体，并且是简单实体，它们身上有最高纯度的特性：热、冷、干、湿。

元素不仅是效果，也是普通物的组成成分，从而在宇宙秩序中有了几乎神圣的地位。

最重也最低的元素是干和冷的，它是土。土天然存在于宇宙中心，是宇宙的沉渣。土的外面是冷和湿的地界，那是水。坚硬的土地外壳覆盖着水，这是外部动因的作用结果，它让物背离其内在本质。① ［57］水之外就是热与湿——气。气虽比

---

① ［译注］按照原理，土应在水之下，但外因让它在水之上。

水高贵，但也无法和苍穹的纯净相比。天使取材于苍穹幻化成形，魔鬼也同样利用气成形，气也是魔鬼的领域。元素中最高贵的是火，它仅处于月球之下，围绕着包裹着水和土的气。火干且热、稀有，人眼辨别不出，所以作为通往天体永恒疆域的过渡区域最合适不过。在这个区域中孕育着流星和其他肉眼可见的火，这些火既然可见就不可能来自天体的永恒疆域。

像万物有存在之链一样，元素也有高低之分、有自己的存在之链，但它们实际上常常以各种比例混合，永远存在着竞争。例如，火和水相对立，而智慧的上帝用气将之隔开，避免它们相互摧毁。气于是有了火和水各自的一种特性，成为过渡，维持安稳。帖木儿（Tamburlaine）援引元素的战争为自己的野心寻找支撑：①

> 自然以四种元素构造了我们
> 在我们胸中争相统治
> 教给我们要有抱负之心气

最好的结果源于合理的平衡。为了能延续，构成必须缜密。自然界中的霜露、彩虹和流星之所以短暂是因为构成并不完美。但诸如橡树或是钻石的构成就完好得多，在它们之中，元素已经变成结实的物质，看不出原来的形态。走兽比人的寿命短，也是因为体内的元素没有较好的混合，水更多，气更少，因此更易腐化。

四种元素除了争斗、平衡之外也时刻处于变化状态，可以从一种元素变成另一种。这是月亮以下的无常中的一个杰出的

---

① ［译注］出自马洛的戏剧《帖木儿大帝》。

例子，它从属于整体平衡而各部分不断变异的总原则。［58］莎士比亚十四行诗中的第64首指涉了这个原则：

> 曾见过饥海层翻滚滚浪，
> 吞蚀了周遭沃土岸边王；
> 一转眼陆地反攻侵大海，
> 得失叹无常，几度沧桑。①

解说这些概念的诸多版本中，尤以奥维德（Ovid）《变形记》（*Metamorphoses*）最后一卷中毕达哥拉斯的演说在伊丽莎白时代人中最为有名。演说中的观点简明扼要，是伊丽莎白时期众多文学作品的底色，在此援引，可为这个话题做结语：

> 即使我们所谓的构成宇宙的元素也不是一成不变的。它们怎么变化呢？请你们注意，我来讲给你们听。在永恒的宇宙之中有四种元素。其中两种，土和水，因为有重量，所以沉落到下面；另外两种，气和比气还纯的火，因为没有重量，若再没有阻挡，便升到上面。这些元素虽然隔离很远，但是彼此相生相成。土若溶解，就会稀薄，变成水；再稀薄，便由水变成风、气。气已经是很稀薄，若再失去它的重量，便跃而为火，升到最高的地方。反之亦然，火若凝聚即成浊气，浊气变为水，水若紧缩，就化硬成土了。

---

① ［译注］曹明伦译，《莎士比亚诗集》，北京：外语教学与研究出版社，2016，页126。

万物的形状也没有一成不变的。大自然最爱翻新，最爱改变旧形，创造新形。请你们相信我，宇宙间一切都是不灭的，只有形状的改变，形状的翻新。所谓"生"就是和旧的状态不同的状态开始了；所谓"死"就是旧的状态停止了。虽然事物或许会由此处移往彼处，由彼处移来此处，但是万物的总和则始终不变。①

太阳和月亮作用下元素间的转换，是《雅典的泰门》（*Timon of Athens*）中这段苦涩讲演的主题之一：

太阳是个贼，用他的伟大的吸力偷窃海上的潮水；月亮是个无耻的贼，[59] 她的惨白的光辉是从太阳那儿偷来的；海是个贼，他的汹涌的潮汐把月亮溶化成咸的眼泪；地是个贼，他偷了万物的粪便作肥料，使自己肥沃。（第四幕第三场）

伊丽莎白时期文学对元素的使用多种多样，它们的作用是把人的作为和宇宙联系在一起，以表示事情的发生并不简单，而是由各种因素相互作用而来。文学效果随着使用的增加而逐渐累积，同时取决于读的人是否有相应的思维习惯，而不是仅

---

① 奥维德，《变形记》，卷十五，行 237–258。此处选用桑蒂斯（George Sandys）的译本。[译注] 桑蒂斯（1578—1644），英国诗人，1626 年出版以英雄双行体形式翻译的《变形记》全本。该译本没有对应的中译本，译者遂参考杨周翰译本译出。杨译本"根据《勒布古典丛书》拉丁–英文对照本（Ovid: Metamorphoses, ed. F. J. Miller, Loeb Classical Library, Heinemann, London, 1928），并参考莱利氏英译本（*The Metamorphose of Ovid*, tr. H. T. Riley, George Bell, London, 1893）"。

用零星几处来挑战读者的想象力。上文《帖木儿大帝》中有关元素战争的引文出类拔萃，不同于其他对元素的引用，十分突出，能马上吸引人的注意，其意义甚至可以与马洛的用意截然不同。那段话可以暗指人类堕落之后的混乱，这混乱会给世界带来毁灭的威胁。李尔在风暴中的首次发声即明确引用了四种元素的暴动。虽然暴动由自然现象呈现，并不是抽象的说理，但李尔脑中想着的不仅是天气狂乱，还有元素争斗。

> 吹吧，风啊！胀破了你的脸颊，猛烈地吹吧！你，瀑布一样的倾盆大雨，尽管倾泻下来，浸没了我们的尖塔，淹没了屋顶上的风标吧！你，思想一样迅速的硫磺的电火，劈碎橡树的巨雷的先驱，烧焦我的白发的头颅吧！你，震感一切的霹雳啊，把这生殖繁密的、饱满的地球击平了吧！（第三幕第二场）

元素也是炼金术的基础，但是除了琼生（Ben Jonson）的戏剧《炼金术士》（*Alchemist*）运用了元素说，元素在炼金术中的作用远比不上它们作为整个宇宙的基本构成来得重要，这一点会在下文讨论人的时候看到。元素学说中有关金的知识非常被人熟知，在当时是十分寻常的看法，以致现在逃脱了我们的注意。金是金属之王，金属优点的集中体现。炼金术中，金是各种元素的完美混合体。同样的完美混合在人体中则表现为身体健康。[60]"可饮之金"（aurum potabile）让完美的金属给病人带来全面的健康。就是金这样的特性赋予了泰门和两个妓女的对话以意义。她们索要象征健康的金子，而讽刺的是，泰门给了她们金子之后，又让她们传染给某些人与他们匹配的疾病：

> 菲莉妮娅、提曼德拉：好，再给我们一些金子。还有什么吩咐？相信我们，只要有金子，我们是什么都愿意干的。
>
> 泰门：把痨病的种子播在人们枯干的骨髓里；让他们胫骨疯瘫，不能上马驰驱。嘶哑了律师的喉咙，让他不再颠倒黑白，为非分的权利辩护，鼓弄他的如簧之舌。叫那痛斥肉体的情欲、自己不相信自己的话的祭司害起满身的癞病；叫那长着尖锐的鼻子、一味钻营逐利的家伙烂去了鼻子。（第四幕第三场）

不如这明显的还有一处：《辛白林》（*Cymbeline*）中，在斐苔尔（Fidele）墓前唱的歌，"金子金女同归泉壤，正像扫烟囱人一样"（第四幕第二场）。① "金子"与"金女"之所以为"金"，怕是有多重原因，但其中一种是他们有着完美的健康，体内的元素如金子里的元素一样，有着缜密的平衡。

4 人

人在存在之链上的位置最受关注。"人是连接起两个自然的锁与链"（Homo est utriusque naturae vinculum），是结节。人的双重特性虽然是内在冲突的来源，却有着独特的功用，连接

---

① [译注] 原文为 Golden lads and girls all must, / As chimney-sweepers, come to dust. 朱生豪译文为"才子娇娃同归泉壤，正像扫烟囱人一样"，"金"的字眼被省略了，虚化成"才子娇女"，此处为了上下文连贯的需要，改回"金子金女"。

万物，跨越物质世界和精神世界的巨大鸿沟。从毕达哥拉斯派哲学一直到蒲柏，存在之链理论盛行，而人在链上的重要位置激发着人类的想象力，这个位置就好比是克拉彭中枢（Clapham Junction），铁路在此交汇。① 拜占庭词典编纂人福蒂乌斯（Photius）在《毕达哥拉斯传》（*Life of Pythagoras*）中传承了毕达哥拉斯派哲学思想：

> ［61］人之所以被称作"小世界"（a little world），不在于他由四种元素构成（因为哪怕是走兽中最低等的也由四元素构成），而源于他拥有宇宙的所有才能（faculty）。宇宙中有神、四元素、不会说话的走兽，还有植物。人拥有它们的所有能力：他有神的理性，也有元素的天性，这些元素滋润着人成长、繁育。但人的能力有缺陷，就像是铁人五项的选手，每一项都有能力完成，但与该项的专门选手相比仍逊一筹。同理，虽然人样样都有，可也样样欠佳。我们的理性没有神的显著，体内的元素也没有元素的那样醇厚，精力和欲望逊于走兽，滋养能力和成长速度也比不上植物。因此，作为各种因素的合成体，我们发现难以驾驭人生。其余的生物各自只遵循一项原则，但我们因为能力的多样，被不同力量牵引着。有时趋向于更高尚的神性，有时也被体内的兽性引诱堕落。

两千多年后的蒲柏也是如此描述人类：他处在不确定的中间状态。

---

① ［译注］伦敦东南部一个火车枢纽站。

不确定是行动还是休息；
不确定认为自己是神是兽；
不确定爱头脑还是爱身体；
生来却为了死去，推理却总是犯错；
不管多思还是少虑，
拥有理性，却一样也有无知。
思虑和激情的喧嚣，全然迷惘；
他妄自滥用自己，却也幡然醒悟；
他生来一半升仙，一半堕落；
万物的灵长，却也深受万物之害；
真理的唯一裁判，却也被拖入犯错的深渊；
他是荣耀，也是笑料，他是世界的谜语！①

  这样的思维从毕达哥拉斯流传到蒲柏，流传进程中其活力可能有所减弱，但可以说它在伊丽莎白时代达到了鼎盛。那个时代的人们不仅享乐非同寻常，也从未忘记自己在宇宙天地中的位置。两种看法交互，赋予了伊丽莎白时期的人文主义以强大的影响力。[62] 下面这段话出自罗梅的《朝臣学院》，与毕达哥拉斯学派的主旨非常相似，很好地体现了伊丽莎白时代人们探究人之位置的热情。

    最杰出和伟大的上帝用美和天使装点了天界，又用永生的灵魂修饰了天体空间，还用各式各样的植物、草木和生物打扮了下面的地球。做完了这些，上帝也需要有个同样有创造力的物种，能看出其作品中的高尚理性，能欣赏

---

① ［译注］出自蒲柏《论人》(*An Essay on Man*)。

他的伟大、喜爱其中之美。所以，上帝最终造了人。人是所有生物中最有奇迹色彩的。然而在造人之前，上帝这个神匠已经把他部分的财富分给生灵万物，制定了完美的律法。他给了植物营养，给了兽感官，给了天使理解力。

上帝犹豫着给新创造出来的继承人以什么样的特征，最后，他决定不能给人以恒定特质，要让人可享有他物的个体特征。事成之后，上帝对亚当说：去生活吧，亚当，什么样的生活让你高兴，你就过什么样的生活；你认为哪种天赋可贵就为自己添上它。上帝这开明的允许就是我们自由意志的起源。我们因此可以选择活得像个植物，像个兽，像人，还是像个天使。倘若人只吃喝成瘾，就是棵植物；倘若只受感官驱使，是野兽；倘若爱好理性和文明，他将成长为圣人；倘若他利用天赐的美好头脑日思夜想无形、神圣的事物，他将会脱胎换骨，成为天使，成为上帝之子。①

在罗列伊丽莎白时代杰出作家们的描述之前，我必须先简明阐释当时如何看待人的构成和在创世之中的位置。前揭福蒂乌斯《毕达哥拉斯传》选段几乎可以总结我的描述，所以说这又是一个伊丽莎白时代继承传统的绝佳例子。毕达哥拉斯学派钻研人的独特综合性：在人身上，包含了万物的样本。在这一方面，人不但高过兽，也超过仅是精神存在的天使。同时，人不仅包含这些样本，人的构造也呼应物质世界中的万物秩序。[63] 人的身体如俗世世界一样，由四种元素构成，有相

---

① 罗梅，《朝臣学院》，前揭，页47。

同的构成原则。篇幅所限，此处不对"小宇宙"和"大宇宙"（macrocosm）间的对应加以完整说明，但其中一些观点自然在伊丽莎白时期看人的构成中有所体现。我下一步就将论及这个问题。

人的物质存在依赖食物,① 而食物又由四种元素构成。食物经胃传到肝。肝主管人身三部分中地位最低的身体,② 将食物转化成四种液体——体液（humour）。四种体液之于人身犹如四种元素之于地球万物。每种体液与元素各有对应，如下表所示：

元素	体液	共通特质
土	抑郁质	冷、干
水	黏液质	冷、湿
气	多血质	热、湿
火	胆汁质	热、干

正常情况下，所有体液经由血管从肝脏输入到心脏。与四种元素合力创造稳定物质相似，四种体液的精确混合对身体发育和运作至关重要。肝脏转化出的四种体液滋润维护着身体，它们生发出更活跃的生命动力，即生命必需的热。热对应着地心的火，火也是令金属逐渐形成的作用剂。这种生命必需的热

---

① 坎贝尔（Lily B. Campbell）的《莎士比亚的悲剧英雄》（*Shakespeare's Tragic Heroes*, *Cambridge*, 1930）论述了伊丽莎白时代的人如何看待人的物质和精神组成（从第52页开始），令我受益匪浅。

② ［译注］《圣经》所讲，人身由三部分构成：身体（body）、魂（soul）与灵（spirit）。

通过三种灵（spirit）散发至整个身体，它们是"小宇宙"的执行者。"自然之灵"（natural spirits）是在肝脏形成的一团蒸汽，随着体液在血管中穿行，对应人低等和植物态的一面，受肝脏的管辖，但经过心脏的热与肺部的气的作用后，它们获得了更高贵的品质，成为"活力之灵"（vital spirits）。伴随着一种经过心脏的作用而变得更高贵的血液，"活力之灵"通过动脉传递活力和热。心脏是身体中部的王，[64]贮藏热情，所以对应了人性中的敏感部分。一部分"活力之灵"经过动脉传到大脑，变成了"动物之灵"（animal spirits）。① 头脑控制了人身的上部，是理智和永生部分之所在。"动物之灵"通过神经执行大脑指令，充盈人体和灵魂。

下文会讲述人的高级功能。目前为止，我们主要关注体液。尽管论述可能过度简单，但涉及伊丽莎白时代人们对身体运转、人体与其他万物间联系的大部分看法。当伊丽莎白时代的人说"性格"（temperament）或是"气色"（complexion），其实脑中想的是一种体液（或元素，他们通常说元素而不说体液）调和另一种体液，或者是体液的混合而形成性格。如果一个人是黏液质性格，说明这个人体内冷和湿的体液占了上风。《裘力斯·恺撒》末尾，安东尼说勃鲁托斯体内的元素或体液精准地混合，他是完美平衡的人。多恩的《周年系列》也是类似的主题。

　　她的容颜如此平衡，

---

① [译注] 来自拉丁语 spiritus animals，指驱动人思考、感受和行动的力量。

> 至于哪种元素压过了
> 其他三种，无论是对上帝的敬畏
> 还是使用技能都无从知晓；
> 它们一分不多，一分不少。①

　　实际上，通常情况是：一种体液的数量哪怕比其他的只多了一点点，却给了此人该体液对应的显著特征。如此条框分明的性格论也让伊丽莎白时代的人认为自己与自然万物有紧密联系，尤其受天体运行的影响。

　　除了这些正常的体液状态，也有不正常的情况。上文已经说过体液到达大脑过程中的一系列正常变化，但特殊情况下，它们也可能直接从胃或者其他腹部器官，[65] 以一团蒸汽的形式蹿升至大脑，如同地上升起一团潮汽至空中，随后固定成雨水。黏膜炎就由这些恶气引发。一种体液有可能不仅仅是数量颇多，比方说让头脑完全清楚的人有点怪癖，更糟糕的可能是，体液坏掉了。体液会在过多的热能作用下腐败或烧坏。最有名的腐坏体液为"糊"（the burnt）或者"焦"（adust），通常称为"抑郁焦"（melancholy adust），哪怕腐坏之前是它并不是抑郁质体液。勃顿的论证说的就是这种"抑郁焦"，而不是因正常抑郁质的比例过大而导致的失衡。

　　下面来说说人的高级官能。人的大脑也和身体一样分三个

---

① 取自多恩的《周年之二》（Second Anniversary），行 123 – 126。[译注] 多恩的《周年系列》（The Anniversaries）包括《周年之一：世界的组成》（The First Anniversarie. An Anatomie of the World, 1611），与《周年之二：灵魂的演进》（The Second Anniversarie. Of the Progres of the Soule, 1612）。

层级，最低等级的包含五种感官，中间等级包括常识、想象（fancy）和记忆。其中，常识接受和整理五种感官的报告。中间等级为最高级的运转提供了材料依据。最高级的官能包括了人的最高感官——理性，它让人区别于兽，更接近上帝和天使。理性分两部分：理解力（understanding or wit）和意志（will）。伊丽莎白时代的伦理就建立在人类这两种最高级的感官之上。

  人的理解力虽然与天使的相关联，但运作起来却不一样。天使的理解是本能，而人需要刻苦运用理性探讨才能理解。天使早已完善了它们的理性，掌握着所有可以掌握的知识。即便到头来人拥有的知识可以和天使的相匹敌，但人类却是从无知开始的。将人和兽、天使区分开来的是人的学习能力：认识完美需要的"善于思考的头脑"（erected wit）和在完善自己的过程中，对教养或教育的追求。因此，学习锡德尼、多恩或弥尔顿，关乎伦理和宗教问题。学习就是在使用天赋予人的最高特权之一。

  那么，人最应该学习什么呢？一个最基本的理解力与我们的应激行动（immediate acts）有关。无生命之物不涉及应激，[66] 比如火并不能感知燃烧，但动物就有一些对行动的理解。呼克尔认为人的特别之处在于通过寻求身外知识求得自身的完善，或者说：人的最高官能是其对与自己无利害关系的知识的获取能力。通过这个能力，人才可能部分地认识上帝。而理解力作用的另外一个客体最重要，它就是人自己。这也是仅给人的任务，与天使无关，因为天使已经了解自己；它也与兽无关，因为这远超出兽的能力。不理解自己并非谦虚、天真或本真的美德。人不认识自己就如同兽，若不是天性粗莽，至少也是缺少教育。认识自己不是自我中心主义,它是通往美德的大门。伊拉斯谟(Erasmus)在《基督教骑士手册》(*Enchiridion Militis Christiani*, *Manual of the Christian Solider*)中有一章写自我认知,非常有说服力。① 他认为自我认知是赢得精神战争胜利的必要条件。主要敌人在我们胸中,若是不了解它,就无胜利可言。

> 看到你已经挑起了与自己的战争,胜利的主要希望和慰藉是你最大限度地了解自己。我将会画一幅你的肖像,仿佛把你放置于桌上剖开,然后把这肖像展示在你眼前,让你完完全全知道你的肤下藏着什么。

约翰·戴维斯爵士的《认识自己》包含了各种道德知识,甚至涉及了灵魂的不死。

莎士比亚四大悲剧中两个主角(奥赛罗和李尔王)都有理解力上的缺陷,另外两个(哈姆雷特和麦克白)则都有意志上的缺陷。这可能不是巧合。《李尔王》中对李尔理解力缺陷的描述尤为明确,不熟稔当时的思潮就看不出来。李尔分了自己的国土后,高纳里尔(Goneril)和里根(Regan)谈论父亲,高纳里尔说父亲"糊涂",里根接口道:"他向来都不了解自己。"(第一幕第一场)② 此处含义丰富。我们得知李尔不通世故,并不成熟。整剧呈现了一个老人受教的心酸主题,这

---

① 1533 年,沃德(Wynkyn de Worde)印刷出版了伊拉斯谟《基督教骑士手册》的英文版,此版本于 1905 年在伦敦再付梓。下处引文选取 1905 年版的第 81 页。

② [译注] 此处英文为 Yet he hath ever but slenderly known himself。朱译本"可是他向来就是这样喜怒无常的",语意与上下文结合紧密,但距离原意有偏差,译者遂加修改。

决定了剧中只有最暴力的手段才能奏效。[67] 观者应该会想到"认识你自己"（$\gnwqi\ \sigma\epsilon\alpha\upsilon\tau\acute{o}\nu$）这个古老谚语，认识自己是人独有的任务。里根话一出口，即向伊丽莎白时代受过教育的那部分观众挑明了人在宇宙中的位置这个语境，观众也就有准备地去面对李尔对人在自然中地位的疯狂质问，以及李尔与兽和元素之间的关联。

我们不要忘了，伊丽莎白时代人们对理解力的认识与人的堕落有紧密联系。人保留了对知识和智慧的本能渴求，但灵魂的指导作用被削弱，致使获取知识需要付出更多的辛苦。

常识会过滤和组织五种感官的感受，理解力会梳理组织后的迹象，检视想象力的富有生气的创造，召唤出记忆中的恰当材料，在它们基础之上，筑起尽可能多的知识和智慧储备。意志的工作则是针对理解力展现的材料做出合理决定。人的意志不同于自然之物的意志，它像上帝的意志一样自由。火不能选择是否吞噬庄稼残茬；烟只能向上而不能选择向下。此处，我仍然要引用呼克尔的话：

> 人的意志生来具有选择或拒绝面前任何事物的自由。

正确使用意志是：

> 让我们的灵魂俯首去拥有或者做那些它们认为良善的事。

欲望或激情是心的产物，道德规范通常让它不违背理解力，但违背人的意志。欲望并不总是违背意志，但是由于两者的目标不同,有时对立在所难免。

欲望的目标是得到任何可见的好处;意志的目标则是理性引导我们追寻的良善。

我们无法自制到不受欲望驱使,[68]但能控制是否将欲望转化成行动。

欲望激活意志,意志控制欲望。

只有经过理解力的彻底启迪,意志才能在激情与理性的永恒交锋中获得胜利。貌似有理的错误观点、过于匆忙地下结论,以及习俗,都能说服我们做出错误决定。但这些都不是借口,因为:

只要理性足够勤恳地去找寻,我们需要的良善都会有迹象表明自己。

人的堕落让理解力暗淡,更深远地影响着意志。人可能因判断错误而做错决定,但也可能,意志变腐化,让人完全背弃理解力。奥维德说"我虽看见也赞成好的道路,却走了坏的那条"(Video meliora proboque, deteriora sequor)。这话道破堕落导致的腐化的最终结果,成为名句。诸多檄文利用意志的腐化来控诉人类,黑瓦德(John Hayward)正是一例:

当然,天底下从上帝那里得到生命的万物中,除人之外,没有堕落和抛弃与生俱来的尊严与存在的。只有人才摒弃了天性的高贵,像普罗透斯(Proteus)一样变异成各种形态,① 这是拜自由意志所赐。每种兽都主要由一种感官驱使,而如果人屈服于某一种感官,也会降格成为被这种感官驱使的兽。古代智者用寓言告诉我们,那些表现出残酷、愚行或其他野蛮属性的人最终都变成了有对应特征的兽。

现代人受华兹华斯被动吸纳说的智慧的滋养,大体上倾向相信直觉,或许会鄙视这种过分拔高理解力和意志的理论。然而对伊丽莎白时代的人而言,人身上兽性和理性对立、[69]本能和理解力对立、欲望和意志对立,这些旧有的柏拉图体系和一直以来的正统看法千真万确。弥尔顿笔下,堕落对亚当与夏娃头脑的影响也并不纯粹是清教式的说教,伊丽莎白时代的人会认为这是不证自明的:

> 他们坐下来,哭,不仅双眼
> 泪如雨降,而且在内心起了
> 更险恶的风波,高度的激情,
> 忿怒、怨恨、不信、猜疑、
> 吵闹,使整个心中动荡不安,
> 曾经完全平静一时的心境,
> 现在骚乱、颠簸。因为理性

---

① [译注] 普罗透斯,早期希腊神话中的海神,能够变成各种形态,名字中即含有 "变化" 的意思。荷马史诗《奥德赛》中,他可以洞悉一切。墨涅拉奥斯(Menelaus)在特洛伊战争后返程,被困在岛上,为了了解事情来龙去脉他将普罗透斯捉住,而普罗透斯在变成狮、蛇、豹、猪等形态后,仍旧逃脱不了,遂告知墨涅拉奥斯发生的事情,包括其兄阿伽门农(Agamemnon)已死的事实。

> 不能治理，意志不听她的命令，
> 二者都屈服于肉欲，肉欲由卑微
> 上升、夺位而君临至高的理性，
> 自居于优胜的地位。
> （第九卷，行 1120-1131）①

这段引文涉及宇宙背景，将人脑中的风暴与"大宇宙"中的风暴作比；述说理性和激情的强烈碰撞；对感官享受的渴望，或头部以下的身体本能都是"卑微"（beneath）的，而头部是"至高的理性"（sovran reason）所在。对导向堕落的种种事件的描述显示了弥尔顿细致入微的正统道德思维。夏娃之所以吃苹果是不清楚情况，因为蛇用赞美和谎言麻醉了她的理解力。不受深刻理解力保护的夏娃于是成了欲望的受害者。

理性和激情的对决在任何时代都普遍存在，而在伊丽莎白时期尤甚。16 世纪的神学主流是保罗派。在这个体系中处于首要地位的，不是默观（contemplation）或至福（beatitude），② 而正是理性和激情的交锋。16 世纪初，伊拉斯谟将哲学家的理性思维等同于保罗口中的"有时是圣灵（spirit）、有时是里面的人（inner man），其余时候是头脑的法则（law of the mind）"，引语出自《基督教骑士手册》。此书的题目寓意颇深，为这个类比提供了情境。伊丽莎白时期英格兰的新教

---

① ［译注］《失乐园》，前揭，页 349-350。
② ［译注］beatitudes 又称"八福"，参见《圣经·马太福音》所述，耶稣传福音时指出八种受上帝赐福的人，包括温顺（meek）、仁慈（merciful）、心灵纯净（pure in heart）等。

徒将保罗列出的精神战争加工成他们自己最鲜活的神话,①[70] 在《仙后》的前两卷中展现得淋漓尽致。这种精神挣扎不仅在神学中得到强化,同时,伊丽莎白时代人比历代人更痴迷于探索人的本质,痴迷让他们乐意揭露人的所有相互矛盾之处,尤其是极尽可能地描绘人在兽与天使之间的摇摆,给了旧有的(理性和激情)古老交锋以新的力度。如果说斯宾塞笔下的交锋还是抽象的、偏神学色彩的,那么莎士比亚笔下的则如此具象,他极度描摹个体(尤其是兽),以至我们忘了其中包含的抽象思维。普洛斯彼罗这样剖析自己对敌人的情感:

> 虽然他们给我这样大的迫害,使我痛心切齿,但是我宁愿压伏我的愤恨而听从我的更高尚的理性。(第五幕第一场)

这段话可以纠正我们的既有印象,提醒读者,莎士比亚成熟期悲剧中的冲突是激情与理性的碰撞,不论这碰撞如何呈现。通过独特的强烈笔触显示人如何与天使、与兽、与不动自然的柔美或暴乱相契合,或者说,通过书写他如何看待人在存在之链上的重要位置,莎士比亚给了两者间的冲突以生命力。这无须过多说明。《哈姆雷特》的鲜活生命力在于莎士比亚展示的人:在行动上像天使,在理解力上像上帝,但又可能有一切卑劣。哈姆雷特评价母后匆忙成婚:

---

① 若想查看清教徒创造出的特殊神话,参见哈勒(William Haller)的《清教的兴起》(*The Rise of Puritanism*, 1938)。

> 上帝啊!一头没有理性的畜生也要悲伤得长久一些。
> (第一幕第二场)

语境跃然纸上。直呼上帝,不是简单的呼唤,意在引出人与天堂契合的那部分特征。理性是人身上与天堂关联的部分,但它已经降格,人坠落到比兽还低的地位。王后乔特鲁德(Gertrude)的罪孽不仅违反了人的体面,也背叛了整个存在之链。[71]《特洛伊罗斯与克瑞希达》中令人厌恶的忒尔西忒斯(Thersites)无时无刻不在将比之更好的人拉下水、与兽为伍。如果将人兽主题剔除,《李尔王》和《雅典的泰门》就苍白之极。

再继续举证下去,恐怕会变成伊丽莎白时期悲剧剧评的老调重弹。还有一篇著名诗作对当前讨论至关重要,但讲评通常并未采取我们讨论的这个视角,那就是多恩的《出神》(*Ecstasy*)。① 它确实是玄学派爱情诗,但其首要关注点却是人的混合特质。此处的分界线并非人与兽之间,而是人与天使之间。多恩利用广为人知的"出神"这一神秘经验作为媒介。古德曼这样描述"出神":

> 人目前属于俗世,生在俗世、长在俗世、归于俗世,灵魂还不如肉体能认识自己。尽管这样,哲学并非不知道存在一种灵魂的出神。于恍惚间,灵魂全部且只能行使智能,而身体如死尸一般,不能呼吸、感觉、行动、进食,

---

① [译注]《出神》,傅浩译,载《约翰·伯恩诗集》,上海:上海译文出版社,2016,页139–142。

仅作为灵魂回归的保证而存在。①

诗中两个恋人达到了这样的神秘状态，与马维尔（Andrew Marvell）《花园》（*The Garden*）一诗的高潮部分一样。两个人灵魂在体外结合，共同道出人的构成：

> （我们说）这出神解除疑虑，
> 告知我们什么是所爱；
> 我们看清，那不是性欲；
> 看清，以前看不清的动力。

"解除疑虑"（unperlex）或许综合了两层意思，一层可能是"启蒙"（enlighten），但它一定也指涉下文中的"微妙的结，把我们造成人"，区分身体与灵魂两条绳子。上述引文的"出神"是对人和爱的分析，从中我们看到性不是爱的动机，而先前我们也不知道爱的动机为何物。[72]"出神"推崇了人的重要能力——了解自己。接着多恩建立类比，比较两个灵魂非凡的结合和单个普通灵魂中不同物质的结合。单个的灵魂中，

> 都含有
> 不知是什么的混合物质

这些物质在自我了解任务中尚属新手。但是相爱的人，其灵魂已经结合成一个超级灵魂：

---

① 古德曼，《人的堕落》，前揭，页48。

> 知道
> 我们是什么造就，构成，
> 因为，我们所生自的原子，
> 即灵魂，没有变化能侵凌。

他们的自我认知和天使的一样，是被完善了的。然而，如天使般的状态不会永久持续下去，出神是短暂的。身体是灵魂必要的合金，也是一个灵魂与另一个之间的常用媒介，如同天堂中永生的存在对地球生物的影响需要通过月球以下的空气来实现。人的组成有双重过程：

> 犹如血液奔忙，以生产
> 精神，尽量使之似灵魂，
> 因为那样的手指需要编
> 微妙的结，把我们造成人。

> 同样，纯粹的恋人灵魂
> 必须下降到情感，和官能，
> 才能让感觉触及和体认，
> 否则像伟大的王子关牢中。

此段含义如下：体液通过各种灵（自然之灵、活力之灵和动物之灵）永远挣扎上行，动物之灵是它们中的最高点，也是汇合点、结点，把人的物质部分与非物质部分结合。如果体液为建造人这个复杂生物贡献力所能及的力量，那么灵魂也必须完成它们的部分：灵魂要反向行之、承诺下行。只有这样，它才能从上方降落到结点。这是人的先决条件。[73] 如果它没有被满足，灵魂无法完全行使它的功能，"像伟大的王子关牢中"。

全诗既是在演练自我了解，也是在分析人的中间状态。

最后，我们永远要记得：人在万物中的位置脱离不了堕落和救赎。据我所知，下面这段引文是能总结整个情势的最简洁文字：①

> 如果我们从上帝造人的角度看，上帝最主要和重要的工作就是让人成为出自上帝之手的最高贵和优秀的物种，展示上帝的荣光。但如果我们从亚当身后展现的堕落来看，人被原罪捆绑、丑恶、可怕、畸形、被数以千计的缺点束缚、缺少保佑、无知无能、善变虚伪……但如若又想到，人经上帝语言的不朽种子被革新，② 人不但重新恢复了原有的至高荣耀和善，并且更加强大；原罪的出现给人设置阻碍，但上帝用更加无限充沛的荣光助人蜕变为新物。

5　动物、植物与金属

蒙田有个关于人与猫的奇特观点，伊丽莎白时代很多受过教育的人都知道：③ 人认为自己在逗猫，猫难道无权认为是它

---

① 引自博伊斯鸠，《世界剧场》，前揭，第一章末尾。
② ［译注］出自《彼得前书》（1：22）。
③ 雷利也在《论政》（*Sceptic*, ed. Oldys and Birch, Oxford, 1829）中有相似的观点，见其第八章，页551。

在逗人吗？但伊丽莎白时代的人不允许如此揣测来撼动其世界图景框架，就像他们不接受哥白尼和马基雅维利的观点一样。大家毫不怀疑世界及其包罗之万象为人而造，也不因为人的堕落让这个世界受难而疑惧上帝的公平。人承受被降的惩罚。世界无疑为了人存在，自然中任何苦难既不及人的深重，也不重要。伊丽莎白时代的人主要以自己为中心来看待存在之链的下部。这部分存在之链的精妙繁复证明了上帝的绝世才能，[74]但它的主要功能是给人提供象征意义或是教育指点。蚂蚁是美妙的创造，然而它所在之处即是懒汉的去处；蜂群有着精妙的运作模式，但它们的主要作用是"示范国家秩序的艺术"。

尽管如此，自然的底端物种有与人不同的必要功能，它们将存在之链填充完整。这些物种的大部分特征已经在前文里简要叙述过，但适逢此节专门辟给它们，我仍有必要在这里更好地梳理。

存在之链的等级划分中，兽的感官最为敏锐。吉利的《基尔刻》里，与尤利西斯讲话的蛇离开他，在树上蹭起皮肤来：

> 我想它不能与你有的任何一种感受相提并论，我认为它的愉悦是纯粹的、不掺杂他物，而在你的感受中，甜中混杂了苦，苦远远超过了甜，给你留下了更深刻持久的印象。

只要有必需品，自然之物就可以得到满足，这点与人不同。李尔说的就是此道理：

> 不要跟我说什么需要不需要；最卑贱的乞丐，也有他的不值钱的身外之物；人生除了天然的需要以外，要是没有其他的享受，那和畜类的生活有什么分别。（第二幕第四场）

吉利在尤利西斯与鼹鼠的对话中也表达了同样的意思：

> 尤利西斯：人总乐于拥有除了必需品之外的东西。
> 鼹鼠：何必？尤其是如果这东西并不符合你本性，就更不该有。就我来说，我没有超越自己种类的完美状态的野心，就像你没有理由奢望拥有星星那样发光的身体或是羡慕鸟类拥有一双翅膀。

兽食对其有益之物，本能地知道睡眠多少合适，在发情期配对。古德曼用兽类本能的感官类比天使既有的智能感知：

> [75] 我认为如下论断是合理的：感官作用的对象可被感知，同样，事物也应自动呈现在理解力面前。头脑不该忙于看清楚事物，而应当只传递判断和检视。前者有关感官的部分适用于愚笨的兽，中间有关理解力的部分适用于天使。人如果没有堕落，最后有关头脑的部分也应该适用于人。①

上面所述是兽类能达到的完满状态，然而它们体内水的比例超过了气的比例，因而兽容易腐坏和短命。

---

① 古德曼，《人的堕落》，前揭，页 48。

在生长方面,植物拔得头筹。因此,马维尔在《致他娇羞的情人》(To His Coy Mistress)中说,他的爱像植物一般生长,长到比帝国的幅员还要辽阔。

在寿命长久方面,石头是赢家,其中质地最坚硬优异的就是最好的,比如红宝石和钻石。

层级的边界,如象(或狮)与牡蛎在上文中已提到,它们分别处于动物界的最顶层与最底层。其余的过渡可由多恩名诗中的一首来说明。《夜祷,作于圣露西节》(A Nocturnal upon St. Lucy's Day)中,多恩巧妙道出自己的"空无"(nothingness),上帝用这个"空无"造出了世界。多恩的叙述者并没有任何俗世体验。

> 如果我是人——我过去也许是,
> 我必懂需要;如果是牲畜,
> 我就该偏爱某些
> 目的和手段;对呀,就连木石也
> 知恨爱;①

兽有初级理解力,其中等级高的哺乳动物的理解力要稍高一些。植物有一些感官感受的残留,例如向日葵。即使是在矿物质中,也不仅存在美的等级,同时还有生命力的不同。尼默修斯如此评说(仍旧是威德的翻译):

> 哪怕都是石头(非生物,绝大部分没什么活力,甚至不如植物),也有种力量让它们的属性各不相同。磁铁

---

① [译注]《约翰·但恩诗集》,前揭,页128。

矿既能吸引又能排斥铁,[76] 所以在属性和特性上都远胜其他石头。①

我在此不应叙述动植物、金属等的象征意义,因为这与存在之链并无任何特殊关联,另外,此话题不好限制篇幅,如若叙述,将显得本书比例严重失衡。

---

① 原文页 11。

第六章 对应的平面

[77] 目前为止,世界图景垂直展开:存在之链以最高贵的为首,向下延伸至最渺小之物。同一个世界的第二幅图则主要以水平铺开。它包含一些按照高贵程度层层排列的平面(plane),层际之间由一张巨大的对应网(net of correspondences)连接。《特洛伊罗斯与克瑞希达》中俄底修斯关于纪律(degree)的演说就基于这些对应中的一个——"大宇宙"对应国家(commonwealth)。这些平面包括:神和天使的平面、宇宙或"大宇宙"、国家(commonwealth or body politic)、① 人或者"小宇宙",以及低等物种。莎士比亚定十分熟悉平面之间的对应,马维尔也是,他在《花园》中漫不经心地提到头脑,称头脑是:

> 海洋,在那里什么
> 都可以找到同类。

首先,头脑如同海洋,因其是"小宇宙",里面微缩了四

---

① [译注] body politic 起源于中世纪,从身体隐喻的视角看待国家,将国家、社会与身体类比,国王为首脑(head of state)。本书翻译中,酌情将该词译作"政治身体"(有别于"自然身体"[body natural])和"国家"(有别于其他政治组织的"政治体"[political body])。

海的富庶。其次，头脑的海洋应包含地球上全部事物的对应物，具体请参照金斯利（Charles Kingsley）的《水孩子》（*Water Babies*），或是卡罗尔（Lewis Carroll）对镜中世界里昆虫的描述。①

执意从各处寻找对应，这很大程度上源于中世纪对整体的追求，帕拉塞尔苏斯（Paracelsus）等人将此追求推崇到极致。② 这个思维的纲领也幸运地存活到伊丽莎白时代以后。

该思维的大部分内容不可避免地被现代人看作古旧和稚嫩。前人们津津乐道的数学关联与对应，现代人则不以为然。活跃在基督教初期的犹太神学家斐洛（Philo），[78] 其作品显示他应该是个理性又文明的人。可他解释说，上帝用六天创世是因为数字 3 代表男性，数字 2 代表女性，两者繁衍便得到 6。③ 伊丽莎白时代的人觉得这道神秘的数学计算题和斐洛的理性并不矛盾。的确，连十分理性的琼生都在《海门》（*Masque of Hymen*）中也打着男女的数字算盘。

> 最后五只白蜡
> 暗示仪式的圆满；
> 五这个特殊数字，
> 神圣的结合从那里得到祝福，
> 因为它是总数，来自
> 男和女结合的力量，

---

① ［译注］出自卡罗尔的《爱丽丝镜中奇遇记》（*Through the Looking Glass*）。
② ［译注］帕拉塞尔苏斯，16 世纪著名医生、炼金术士和占星师。
③ ［译注］英语中 multiply 既有相乘，又有繁衍之意。

两者起初分别是二和三。①

爱德华四世时期，一位英国史作者卡普格雷夫（Capgrave）也表现出类似看法。他将编写的历史献给爱德华，献词末尾写道：

> 又，我发现您被称作爱德华四世很合宜。侵扰人民的是亨利四世（Harry the Fourth），被上帝扶植的是爱德华四世。这个补救与救赎十分相像。像祷告时的序歌（preface）里唱的那样，② 因为亚当犯戒吃了颗树果，才有了基督被钉在树上赎罪。我们爱着这片土，期待上帝这样做：亨利四世犯下的所有错误可以由爱德华四世矫正。

如此思维并未绝迹。1914 年，霍夫雷（Joseph Joffre）和弗朗切（John French）分别任法国和英国总将军。很多人也非常乐意见到两人的姓都有六个字母，而且第一个姓（Joffre）的后三个字母和第二个姓（French）的前三个字母完全一样。但是在伊丽莎白时期，人们真的认为这种巧合将会是预兆。我们很难想象也不好高估这种对应所带来的智力和情感上的满足。在我们眼中滑稽的，在伊丽莎白时代的人看来，可能就是条严肃的、令人高兴的线索，[79] 证明他生在秩序井然的宇宙中。这个宇宙中，没什么是无用的，每个细节都是天意。

有一些适合在此处讲的对应，我在写秩序和存在之链时也

---

① ［译注］《海门》（*Masque of Hymen*, 1606）是琼生为一贵族婚礼写的歌舞剧。"海门"是希腊神话中的婚礼之神。

② ［译注］天主教在祷告时候的第一部分，先歌颂和感谢上帝的荣光，包括造物、以耶稣拯救人类等。

不可避免地提到了它们，因为很多物种既在链上存在，同时又与其他层级的物种对应。一个物种的首领因紧贴上一级而成为链上的重要一环，它也必然对应其他层级的首领。打个比方，我们称圣伯纳德犬（St. Bernard）为犬中之王，因为惊异于其庞大的身形和狮样的高贵，你可以想象它正向上努力成为狮子，同时它在重要性上与钻石和太阳对应。谈论体液时，我也不能回避它们如何与元素相对应。

条分缕析地阐释广博的对应并非易事，因为作者们有时只写一对现象，有时又写一整个系列。下面就是一组五个对应的例子，出自布朗德维尔（Thomas Blundeville）1580 年出版的《道德三约》（*Three Moral Treatises*）中的第一部——《有识之君》（*The Learned Prince*）。它是一首写给君主的普通劝谏诗，建议他遵从理性。此处的对应存在于上帝、太阳、王子、理性和公正之间。

> 因正义为律法之目的，
> 我说，律法是君主的工作。
> 君主身上有上帝的影子，
> 他必然统治江山。
>
> 犹如天堂中的上帝
> 安置了照耀的太阳与月亮
> 用最充沛的智慧和最正确的决断
> 展现他的形态和生动的荣光，
>
> 君主对国土也应如此，

敬畏上帝，坚持正道，
明白理性的统治地位
这符合其风度和威力。

［80］柏拉图说上帝高高在上，
也早有神圣的智慧谚语说，
上帝从未偏离真，
也未曾摒弃自然的定法。

天堂里，太阳如镜子般
展示上帝的形态，
地上，正义的光，
也由上帝判定，也展现着上帝。

此处虽是一串对应，但其中主要的对应仍能排成两个一组，下面我就将从高往低继续这个话题。

第七章 对 应

1 天之能量和其他创造

［81］这个对应没有得到广泛应用。上帝通常在幕后维持万物秩序，但他有时也被拿来与太阳比较。《世界的运行者》(*Cursor Mundi*) 的作者用这个对应解释三位一体。① 太阳由物质、光与热构成，其中，物质对应圣父，光对应圣子，热对应圣灵。伊丽莎白时代的人可以在罗梅的《朝臣学院》中找到同样的对应。身为柏拉图学派一员的罗梅没有写三位一体，而是写了作为智能的上帝。

    太阳因其最耀眼的光芒而最明显，第一个被见，也第一个能看见。所以第一理解力——上帝，最强大优异，释放着耀眼色彩，贡献着重要的光芒，最先被感知、被理解，也最具才智。太阳因辉煌光芒，在美的层面上超过所有天体，是第一智能（除非非要区分和比较有限与无限），因为有神圣

---

① ［译注］《世界的运行者》大致成于1300年左右，是用中古英语撰写的近三万字的历史宗教长诗，借鉴基督教圣经和其他信息来源，讲述世界起源和历史。

光彩和耀眼光芒，所以它在遍布各种智能的世界中也最美、最卓越。物质的火在我们这个低等世界里代表了太阳，同理，天体世界中，太阳的光芒代表着神圣之光辉。①

赫里福德的戴维斯将上帝与人的灵魂对应，让三位一体的三位对应理解力、意志和记忆。

天使也被用来对应创世的其他部分。多恩的《出神》将等级低的天使称作智能（intelligences），它们掌管着天体层，与指挥人身体的灵魂对应。埃利奥特也写过天使、元素和人之间的三方对应：

> 最衷于默观的天使有着最高的荣耀（按照教会圣师的说法）；[83] 元素中最纯净的火被指派到最高天；俗世中，那些理解力优于其他生物的，运用理解力，在理性范围内控制并指导他物如何生活，因而这些具有优越理解力的，理应比他物处于更高位置，在那，他可以看，也能被看见。

狄奥尼修斯可能也会让俗世中的教会等级对应天堂中的天使等级。

2 "大宇宙"和政治身体

国家秩序复制"大宇宙"的秩序，这是老生常谈。1547年《宣道书》系列之《论服从》就将两个秩序并列：

---

① 罗梅，《朝臣学院》，前揭，页14。

> 俗世中，上帝在国王和君主之下安排了其他官员，秩序井然而必要。储藏在天上的水以雨的形式降下，遵循季节时机。太阳、月亮、星星、彩虹、雷、闪电、云和空中各种鸟都遵守秩序。

《特洛伊罗斯与克瑞希达》中，莎士比亚的"纪律"选段以类似的看法开始：

> 诸天的星辰，在运行的时候，谁都恪守着自身的等级和地位。（第一幕第三场）

诺登在诗歌《事物变迁》（*Vicissitudo Rerum*）中写道："天空中相反的事物因为平衡而幸免于混乱。"其后，他在元素、体液和国家中看到了同样的情形：

> 政治身体或公共国家（body politic or public state）
> 有异见，也允许异见的存在
> 君主、国民和行政官，
> 高贵与平凡，富庶与贫穷，喜和平与好战争的党徒，
> 律法、宗教，有人游手好闲，有人孜孜不倦，
> 老少强弱、良善、邪恶，
> 各不相同但又和谐一体。

在《一个基督徒的家庭温暖》（*A Christian Family Comfort*）中，① 他又将国家与天堂作比，将伊丽莎白女王及其幕僚与宗动

---

① 有关《一个基督徒的家庭温暖》的内容，参考了科林斯（D. C. Collins）在《事物变迁》（莎士比亚协会版 [Shakespeare Association Edition]）中的介绍文字。

天——支配各天体层运动的天体层作比。［83］较之于泛泛作比，更常见的是统治国家的君主和统治天堂的太阳之间的比较。**君主太阳**（roi soleil）确实是伊丽莎白时代流传最广泛的概念。莎士比亚在上文演说的引文中用了最为人熟知的题材：

> 所以灿烂的太阳才能高拱出天，炯察寰宇，纠正星辰的过失，揭恶扬善，发挥它君王的无上威权。（第一幕第三场）①

十四行诗中，莎士比亚让升起的太阳用君主般的目光装点山巅。② 很难想象新建立的都铎王朝和斯图亚特王朝的专制统治不会利用并拓展这个古老的对应关系。最显著的一个例子出现在琼生剧作《爱尔兰舞会》（*Irish Masque*）的末尾。国王此时出现，将身着斗篷的野蛮的爱尔兰人转化为文明的朝臣，犹如太阳融化冬日的枷锁，培育出春。当爱尔兰人站在詹姆斯国王（King James）面前时，诗人向他们唱道：

> 不但低下你们的头，也要低下你们的心；
> 部分的服从不会有好结果。
> 只要站在君王面前，
> 你们就会感觉自己日渐变化，
> 只有少数人知道君王的在场

---

① ［译注］朱译最后一句"发挥它的无上威权"，原文为"And posts like the commandment of a king"，此处为了突出太阳与君主的对应，译文修改为"发挥它君王的无上威权"。

② ［译注］出自莎士比亚十四行诗之第33首"多少个明媚辉煌的清晨，我看见/威严的朝阳把四射光芒洒满山巅"，曹明伦译，页111。

> 让质的飞跃如何运作,
> 它这样发生:你脱胎换骨
> 成了新人。

吟唱之间,戴着面具的人们卸下斗篷,摘下面具,现出演出服,继而跳起舞。舞毕,诗人又唱:

> 太阳劈开地球生锈的枷锁,
> 残酷之冬用这枷锁来捆绑地球的血脉,
> 所以小溪流了,所以有了动力之源,
> 而它不久前还为冰所困。
> [84] 所以秃树冒了新芽,
> 所以色彩装点了草地,
> 所以万物生长,获得青春和活力,
> 只因有太阳光芒的照耀。

前朝时,人们认为月亮与太阳是女王在天堂中的复制,星系中的月亮——狄安娜或辛西娅(Cynthia)女神,代表满朝人杰中的女王。

同样常见的还有天堂中的混乱与国家动乱之间的对应。俄底修斯的演说依旧通用:

> 可是众星如果出了常轨,陷入混乱的状态,那么多少的灾祸、变异、叛乱、海啸、地震、风暴、惊骇、恐怖,将要震撼、摧裂、破坏、毁灭这宇宙间的和谐!(第一幕第三场)

该话题常见于莎剧最为人熟知的段落中,例如,描述神授意下的混乱是源于对恺撒之死的同情,① 因而此处自不必多言。后来的马维尔将莎士比亚的庄严转换成秀美,这也是后世的特色。剪草工与萤火虫说话,称其:

> 你们这些乡间彗星,
> 并不预兆战争以及君主的葬礼,
> 你们照耀着,除了预示着草将散落
> 并无更崇高的目标。

言语间虽然小题大做,但读者还是乐于看到又一对对应的存在:萤火虫和草的联系复制和提炼了"大宇宙"与政治身体的关系,虽然少了庄严,却不失自己的肃穆。

3 "大""小"宇宙

存在之链上,人的位置最耐人寻味,同样的,对应体系中,[85] 人与宇宙的对应最负盛名、最有意思。这本小书需要的大部分细节已经在谈论人的身体与精神构成时有所涉及。

---

① [译文]《裘力斯·恺撒》第二幕第二场描写了恺撒被刺前的混乱现象,当晚雷电交加,凯尔弗尼亚转述巡夜人看到的可怕异象:"一头母狮在街道上生产;坟墓裂开了口,放鬼魂出来;凶猛的骑士在云端列队交战,他们的血洒到了圣庙的屋上;战斗的声音在空中震响,人们听见马的嘶鸣、濒死者的呻吟,还有在街道上悲号的鬼魂。"对此,恺撒回应:"天意注定的事,难道是人力所能逃避的吗?恺撒一定要出去;因为这些预兆不是给恺撒一个人看,而是给所有的世人看的。"当晚,恺撒被杀。

此处还应补上一些宏观的或是诗学的比较，以证明人集宇宙之大成的想法深深影响了伊丽莎白时代的想象。塞邦曾说最高贵的天体悬在天中最高位置，同理，人身上最高贵的部分——头，处于顶端。太阳在天体中位置居中，提供光与能量，而人的各个身体组件中，心也居中。伊丽莎白时代的普通人应能接受这个观点。它并不与雷利《世界史》中的这段冲突：

> 人的血液通过血管流经全身，仿佛水经小溪与河流，流遍地球。人的呼吸对应空气，人的自然体热犹如地球锁存之热……人的毛发或点缀、或遮掩，就像是掩盖着地球表面的青草……我们的决心犹如轻薄、飘摇的云彩，顺着不固定的风四处游荡；我们的眼睛像是太阳与月亮之光；我们青春的美似春的鲜花，短时后或因太阳的热而干涸枯萎，或者被尖利的风吹下枝桠。

雷利的诗意表述中有中世纪的影子，而中世纪思维在《世界之镜》里则有更清晰的呈现：

> 人的血液流经身体血管，从某处释放；而水也出自地球的血脉，从泉眼和井口喷涌而出。

又：

> 太阳是所有热与时间的基本，同样，人的心是勇气的根本，其中包含了人全部的自然热力。

格雷维尔（Fulke Greville）下面这首诗与严格的身体类比

稍有差别，但仍以此类比为基底。① 诗中，人的真爱对应星体，尤其是太阳的长明之光；［86］同时，欲望和其苦痛对应着因地球自身的遮挡而暗了的光。

> 呸！愚钝的地球，你的遮挡让自身得到暗夜，
> 就认为天堂缺少荣光？
> 失明的人才感觉黑暗；让他们哀怨去吧：
> 天堂从来都明亮。
> 呸！欢悦的欲望，因它让自己陷入黑暗，
> 你就认为爱缺少荣光？
> 纵然欲望带来的渴望和恐惧让人恼怒，
> 但爱始终有她的喜悦。
> 地球，且慢，你带来的暗夜
> 会转过身去，重拾你的荣光；
> 欲望，且慢，希望是你的快乐，
> 在希望里，没有生物会受伤害；
> 每种激情都与恶魔进行着战争
> 而爱，远高于此。

诗歌中的对应，最普遍的是以世上的风暴地震与人如风暴般的激情作比。虽然我们目前讨论的多是暗喻，但这暗喻仍然是被思维观念强化过的，风暴中的李尔就是个佳例。如果要看更为冷静的学术版本，我们可回到格雷维尔的诗，它以祈祷逃到天堂避难作为结尾：

---

① 下文所引两首诗出自《凯里卡组诗》（*Caelica*）第 16 首和第 27 首。

> 地球，被雷电劈开，被烈火摧毁，
> 被洪水淹没，狂风怒吼，
> 不能因此而厌恶天堂，
> 因雷电、雨水、风暴皆出于地球。
> 人，被爱折磨，胸中怒火焚烧，
> 被绝望淹没，受身体欲望的动摇，
> 不能因此而厌恶天堂，
> 因爱、怒、欲皆出于人。
> 那么，人啊！忍受吧，乌云会散尽；
> 人生这个陀螺由悲伤抽打着，
> 肉体摆脱不了的，就要智慧来承受。
> 谦卑的人引路，执拗的人徒劳挣扎。
> 啊！人啊！救救你自己；转向天堂：
> 她的火启迪自然，却永不灼伤你。

如果从道德层面认真来检视"大""小"宇宙的对应，结果定会让人称奇。倘若天堂准确运行它们庞杂的系统，[87] 人也必会因为放任自己的小世界堕落而感到惭愧。这也是呼克尔想表达的意思：

> 理性引导我们谨遵自然法则，遵守自然法则才能获益。我们知道，整个世界和其组成部分紧密关联，只要每个部分都按照分配给它的自然法则行事，就能保全自己和其他事物。相反，如果一个主要事物，例如太阳、月亮，任何天体或元素，或停止运行，或失误、偏移，难道不很容易就看出：结果是既毁了自己，也毁了仰仗自己的事物吗？人不但是世界上最高贵的生物，也自成一个世界，他

僭越自然法则，有可能不带来任何害处吗？

4 政治身体与"小宇宙"

最为人熟知的这种对应关系出现在《裘力斯·恺撒》中，陷入困惑的勃鲁托斯说：

> 在计划一件危险的行动和开始行动之间的一段时间里，一个人就好像置身于一场可怕的噩梦之中，遍历种种的幻象：他的精神和身体上的各部分正在彼此磋商；整个的身心像一个小小的国家，临到了叛变突发的前夕。（第二幕第一场）

这是个精妙的完整比较。人脑海中的动乱，人的最高能力（理解力和意志力）与执行感官（诸如言语和行动）之间的拉锯，都与国王和朝臣的争辩相似。这个大致的对应可回溯至柏拉图，他追求通过国家正义实现个体正义。沿着这个思路，莎士比亚用公共骚乱描摹个人挣扎。与《裘力斯·恺撒》同期，赫里福德的戴维斯这样书写人脑中的动乱：

> 它穿梭在我们头脑的领地
> 犹如进行着一场内战。①

［88］莎士比亚和赫里福德的戴维斯没有必要回到柏拉图

---

① ［译注］出自赫里福德的戴维斯 1603 年长诗《微小宇宙》（*Microcosmos*）。

那里寻找这个对应，因为它在历代都存在。比如，伊拉斯谟曾把头脑中的理性比作国家君主，把头脑中的低级激情比作社会暴动。反过来，也有人用对应书写人的身体与头脑的各种寓言，强调人的情感，例如斯宾塞笔下的"阿尔玛宅"（House of Alma），① 伯纳德（Richard Bernard）的《人之岛屿》（Isle of Man），还有弗莱切（Phineas Fletcher）的《紫岛》（Purple Island）。班扬（Bunyun）的《圣战》（Holy War）保留了该对应的最纯粹形式。那里，没有用屋宅，而是用一座政治构成和物质结构都完整的城池来类比人和其感官。

但更多时候，使用这个对应不是为了强调混乱，而是为了确立和谐统一的国家和其中必要的各个层级。莎士比亚（如果真出自莎士比亚②）将此用法放在前揭《两贵亲》之中，让阿塞特称玛尔斯"震撼腐败的国度""治好世界所患的/人口

---

① ［译注］"阿尔玛宅"出现在《仙后》第二卷第九章中，女主人阿尔玛给骑士展示自家宅子，城堡结构匀称，精巧，常认为斯宾塞用阿尔玛之宅的精密、和谐的结构暗指人体的构成。第 22 节："城堡主体框架似乎部分是圆，/部分呈三角形，建筑工艺精湛，/圆形和三角形各占半壁江山，/一半阴柔代表人性、残缺不全，/一半阳刚、代表神性、完美圆满，/两者之间是一个长方形基垫，/天人合一，搭配匀称，不倚不偏；/九是圆形，它代表上帝的宅院，/三者融为一体，如音阶般壮观。"此处的描写呼应该章的开篇："造物主创造万物，将人间装饰，/当人头脑清楚，不糊涂，能把持，/没有一样比他的力量和样子，/ 更加杰出，漂亮好看，美丽标致。"其中，这清醒、美丽标致的人和同样美丽标致的阿尔玛宅对应。参见邢怡译，前揭，页 528 – 538。

② ［译注］《两贵亲》的作者是莎士比亚和同期剧作家弗莱切（John Fletcher）二人合作而成，河滨版莎士比亚系列（The Riverside Shakespeare）中详细推断了该剧中二人各自完成的部分。详见史密斯（Hallet Smith）在其编辑的河滨版《两贵亲》前言中的介绍。

过多之病"(第五幕第一场)。① 此处，人口超负荷的国家被摆在首位，用战争解决人口负荷被比作人体中的放血疗伤。

这样的对应在中世纪政治中屡见不鲜，目的是规训，以期社会稳定。想抚平社会阶级分野就像造一具四肢相同的躯体一样荒唐。坎波翻译了罗梅的《朝臣学院》，其中暗藏了伊丽莎白时期的看法：

> 倘若城市如同人的身体一样统一起来，能自足自立，那么一定也要像人身体那样，由各类不同之物组成，善恶、高低不一，却都是为了城市能良好运转。假如人全都由头部，或由胳膊、腿或其他部分组成，该是件多么让人恐怖心烦的事！同理，如果城市中的人都是手工业者，或是耕者，或是将士，或是法官等同一类别组成，也该多么畸形和不足！②

此处，国家与身体的各种功能更明显地相互对应。[89]中世纪有一个此类的详细论述，出自英国人索尔兹伯里的约翰（John of Salisbury），此人是贝克特（Thomas à Becket）的朋友。③ 伊丽莎白时期，该对应仍流传甚广。赫里福德的戴维斯同样比较了三位一体和人的头脑。④

---

① ［译注］《两贵亲》，前揭，页116。
② 《朝臣学院》，页247。
③ ［译注］贝克特1162年开始担任坎特伯雷大主教，1170年被杀。
④ 引文出自《如此精妙》(*Mirum in Modum*)，格罗萨特（Alexander Grosart）编辑，1878年出版，第一辑，页24。

我们知道只有一位上帝,
但神却分三。
同理,灵魂虽为一体,却分成
理解力,意志和记忆。
这三力也自成三位一体,
密不可分。
让三位一体更加完美统一,
两者都是看不见的精神存在,
让灵魂与上帝的确相似。

正如真正的上帝组成有三,
掌管着这个伟大世界,
所以在人的小世界中,三力
成一魂,主宰着人。
然在这低等俗世之中,如何努力,
人还是分为三六九等:有人
是领导者,有人是高高在上的管理者,
也有普通市民,也有常见的,
不合规范的乡野之人。

领导者好比是上述三位一体的灵魂,
其下的管理者可比作思虑与想象,
普通市民好比外在感官,
乡野之人即为血肉之躯
(它常让灵魂最为贫瘠)
当这些乱民骚动起来,

> 各从己愿、无所束缚，
> 　　那灵魂，可怜的灵魂，这些暴怒起义者
> 　　将掠夺她的财富、遮蔽她的双眼。

布里顿（Nicholas Breton）的《谋杀者》（*A Murderer*）提供了伊丽莎白时期的另一个版本。① 这本册子批判了反对政府的窃窃私语者，维护着现有的权力分配，把国家比作人的身体，各部分必须相互协助：

> 上帝让身体各部分效力于灵魂，让灵魂效力于自己，让国家的子民效忠国王，让国王服务上帝自己。如果人头疼，[90] 怎能不让心脏悲伤、不让各部分都感受其痛？那么，如果君王不愉快，王国的心（子民的心）能感受不到吗？如果眼睛被伤到，难道不会让头、心和其他部位感知伤痛吗？同理，如果幕僚这个国家的眼睛存有纷乱，君王会发现，国家也会感受到；手，对应国家的手工业者，它受了伤，对应手工业者减少，国家也会察觉。眼睛同情手伤，头脑和眼睛都协助疗伤，同样，君王和幕僚也会尽力解决问题。如果劳动者，与脚对应，受了伤，整个身体都会有所感知，治疗中，头脑会谨慎、眼会敏锐、手会疼痛。如果国家、身体染疾，君王、幕僚和每个真正的子民都会同心协力救治。

针对这个主题，我所知最细致生动的阐释莫过于斯塔基

---

① 引文出自格罗萨特编辑的《布里顿作品》，1879年出版，第二辑，页10。

(Thomas Starkey)的《波尔主教与托马斯·利普塞特对话录》(*Dialogue Between Cardinal Pole and Thomas Lupset*)了。斯塔基是亨利八世的专属牧师,那时克伦威尔(Thomas Cromwell)任财政大臣。《对话》是记录早期英国文艺复兴的佳作,轻快优美。文中涉及日常与默观生活、自然律法、政治理论和当时英格兰的境况。它涵盖了《乌托邦》(*Utopia*)的大部分话题,① 也不逊于后者。其中一些文字更是足以为本书此处讨论所用。斯塔基以常规对应开篇:

> 每个人都有身体和灵魂,二者都活跃繁盛,代表此人健康幸福。同样的,每个城邦或者国家都有政治身体(politic body),也有一个类似于人的灵魂的事物,两者的繁盛代表国家的安康。这个政治身体就是城邦或者国家的广大人民、市民。与灵魂对应的则是政治制度、律法,由行政官员和统治者掌管。人因灵魂而获得生命,也受灵魂统领;同理,每个国家的广大民众从律法中获得政治生命,律法由良善的行政官和统治者管理,民众受他们的管辖,形成政治秩序。

随后,斯塔基援引古希腊论人如何获得幸福的一些品质或条件,并将之类比运用在国家中。[91] 这些品质或条件包括:(1)健康、强力(strength)和美;(2)朋友与财富;(3)美德。身体的健康对应公民的数量。斯塔基说,"强力"

---

① [译注] 莫尔(Sir Thomas More)的《乌托邦》1516 年面世,书中幻想了一个理想国度,对后世政治、历史、文学影响深远。

在此处指：维持、维护身体的各个部分，让它们及时、随时为获得整体健康效力。当人的各部分都可以快速良好地进行自然赋予它的工作时，我们说这个人的身体是强壮的。当作为自然能力源泉的心脏能够有序地管理好这些自然能力时，我们说这个心脏是强壮的。而当这些自然能力从心脏那里接受力量，并遵从自然秩序加以运用，例如，眼观、耳听、脚行、手握与抓，那么这些自然能力也是强壮的。也就是以这种方式，各部分各司其职，一个政治身体才能够强壮……掌管整个国家的那个权威之人或那一部分人好比是心脏。智慧、理性还有理智，感受和其他自然能力，都由心生，所以从君主、国家的统治者这里生发出种种律法、秩序、政策、正义、美德和正直，延伸向政治体的其他部分。头上有眼、耳和其他感官，像君主设立的行政官们，他们永在观验、为整体的安康服务。手工业者和战士就像手臂，保护身体其他部分不受外部敌人的伤害，也为此目的工作和创造。耕土地者就像脚，因为他们用劳作支撑着身体它部。

政治身体的美在于社会各阶层的比例合适。对应个人的财富和朋友的，是国家的完备财政和与邻国的友谊。三种条件中，最高的是美德。

第三种是最重要的原则，它是良好秩序和政策，经优良的律法制定和维护，通过领导者和管理者得到施行。像由理性指导一样，国家也由律法管理，目的是让广大民众和整个国家健康富有，必要的维系之物富足，因此可用光荣、喜悦和爱崇拜上帝——所有良善之源、世界的创造者和统治者。人们之间友爱、情同手足，各自既是个体也是整体的部分，都爱护着他人。

5　总体意义

［92］伊丽莎白时期公认的对应关系虽然与中世纪时期的相同，但两者对待对应的方式却不大一样。中世纪运用对应的方式更冷静、偏重智能，仿佛它们是数学公式。乔叟的《星盘》（*Astrolabe*）恰如其分地使用了对应。切斯特城（Chester）的修道士希格顿用深沉、平静的笔调写出了宇宙的构成和玄妙。解读伊丽莎白时代人的想法不是易事。一方面，他们热衷仪式，所以这些对应具有的仪式感甚得其心。另一方面，他们生活的世界越来越难以被塞入一个严格的秩序，对应的数学细节愈发不适用，人不可能将信仰建立在无休止的细节叠加上。然而同时，伊丽莎白时代的人对秩序的渴望犹在，他们赋予"大宇宙"、政治身体和"小宇宙"的对应以双重功能。其一，它表述了伊丽莎白时代人极度渴望的秩序；其二，它是固定的范式，多姿多彩的现实生活在此基础上发生，并可以从范式中找到对应。但伊丽莎白时代的人不再想要细微的数学等式（equivalence），而是让想象力发挥自主性，等式变成类比（resemblance）。

举个例子就能清晰地看到伊丽莎白时代人在等式和类比之间的徘徊。现代天文学家厌恶流星，因其数量巨大且碍事，称它们是"空中害虫"。我们觉得此举无非是带着感情色彩的比喻罢了，但中世纪的人认为，流星现象势必极具深意，是创世统一的新证：流星在天堂存在之链的等级，如同地球上跳蚤和虱子的地位。伊丽莎白时代的人可能选择这两种解读中的一个，也可能都接受。

保留中世纪思想的要点，但以自己的方式诠释细节，这样，伊丽莎白时代的人得以利用这些繁多的对应关系去应付爆炸式发展的世界。[93] 哪怕他们无法将新事物纳入严格的体系，也能运用对应关系找到之前与它类似的事物。例如，印第安人可以对应历史上黄金时代的人，那么他们的新奇便可被冲淡，印第安人也就能被纳入旧有的范式并丰富它。

《特洛伊罗斯与克瑞希达》中俄底修斯的"纪律"演说如此丰富的原因之一，就是莎士比亚以各种可能的方式运用大对应。在太阳——君主的对应中，他引出了秩序的大范式，映衬现实生活的困惑；他还用了一个不仅仅是隐喻的诗学隐喻。太阳不但是空中之王，它还像君主，君主也像太阳。这其中既有宏大的数学等式，又有暂时的隐喻。俄底修斯说要"把纪律的琴弦拆去"时也是同样的状况。在此，柏拉图音乐中抽象宏大的等式世界与时下伊丽莎白时代的琴乐世界统一在一起。一旦用琴乐比喻政治组织的和谐或混乱，音乐活动和政治活动就都变得不那么陌生了，成为一个和谐的俗世现象体系的组成部分。

第八章　宇宙舞蹈

[94] 自早期古希腊哲学家起，创世便被比作音乐活动，该联系强烈地吸引了喜爱诗歌和奥秘的人群。甚至到了1687年这么晚的时候，德莱顿（John Dryden）还写下了该看法在英语诗歌中最为人熟知的版本。它恪守旧的传统：

> 从和谐，从神圣的和谐中，
> 宇宙的框架开始形成；
> 当自然还是一堆
> 混乱堆积的原子，
> 连头都举不起时，
> 上空传来美妙的声音：
> 起来，不要死气沉沉。
> 然后，冷的、热的、湿的、干的
> 全都跃起至自己的岗位
> 服从音乐的力量。
> 从和谐，从神圣的和谐中，
> 宇宙的框架开始形成；
> 它流走于种种音符中，

最后在人的身上达到巅峰。①

还有更进一步的观点，认为创世后的世界本身就处于音乐状态，是个永恒的舞蹈。这个观点普遍流传于中世纪。当时最流行的百科全书作家塞维尔的伊西多尔（Isidore of Seville）这样写：

> 没有音乐，什么都不存在。因为宇宙本身就是被一种和谐之声塑造，天堂自己也在这和谐之声下运转。

世界是舞蹈的想法暗含了"纪律"，而且是运动着的"纪律"。俗世、天堂和神界的各个层级的驻扎部队伴随着音乐运转起来，运转各式各样，但都受约束。每个的路径均不同，[95] 但各种路径构成了完美整体。莎剧中：

> 只要把纪律的琴弦拆去，听吧！多少刺耳的噪音就会发出来！

加上罗兰佐有关音乐的演说，② 都体现着莎士比亚熟知此思想。埃利奥特也一样，他这样评价统治者的导师：

> 能通晓音乐，阐明音乐对更好地了解国家如何必要。

---

① ［译注］出自德莱顿《圣塞西莉亚日之歌》（A Song for St Cecilia's Day）。塞西莉亚被认为是音乐家的守护者，塞西莉亚日是 11 月 22 日.

② ［译注］《威尼斯商人》第五幕第一场，罗兰佐对恋人杰西卡说："月光多么恬静地睡在山坡上！我们就在这坐下来，让音乐的声音悄悄送到我们的耳边；柔和的静寂和夜色，是最足以衬托出音乐的甜美的。坐下来，杰西卡。瞧，天宇中嵌满了多少灿烂的金钹，你所看见的每一颗微小的天体，在转动的时候都会发出天使般的歌声，永远应和着嫩眼的天婴的妙唱。"有关解释，见本书第五章第一节。

国家是各种阶级、律法组成的秩序，因理性的指导，包含完美的和谐。如果行政官拜读过柏拉图或亚里士多德关于国家的论述，就会更好地明白。那些书中包含了多种音乐和几何的例子。

像静止的律法概念一样，跟着音乐起舞也出现在各种存在等级中。天使或圣徒携手随着天堂音乐起舞。弥尔顿在《论教会政府必须反对主教制》(*The Reason of Church – Government Urged against Prelaty*) 中有他自己的美妙版本：

> 天使不惧混乱，一如使徒在狂喜状态下看到并描述的，它们分成四人一组，于天堂之国及辖地中，遵循上帝在天堂的永恒属地写下的金科玉律。然而不要以为这荣光的圣徒散发的永恒圣洁与爱因此就只能是上述光景。不，我们的欢乐可舞成千种游离的荣光和欢娱，通过某种复杂的综合，变成一个欢乐与幸福的不变的星。

弥尔顿用的是诗学语言，并不直白，但可以确定，他认为天堂中的圣物与天体层相似，存在多种运动且都遵照控制这些运动的音乐。这个比较并不是贬低天使，因为在所有舞蹈中，天体和星球遵循自己所在天体层的音乐舞蹈，最为瞩目。

地球上的自然之物虽也承受了堕落的后果，[96]但仍然复制了星球的舞蹈。弥尔顿的《科马斯》是假面舞会剧，诗人的思绪转向舞蹈，不仅表达了他感受到的世界丰饶、存在之链的巨大，而且由此从不动转为动。他想象着海洋遵从月亮而舞蹈着，也允许科马斯大胆宣称自己和船员也复制了天体的舞蹈：

第八章 宇宙舞蹈

> 我们,为纯净的火所转变,
> 模仿星星的歌唱队。
> 星球儿是彻夜不睡,
> 轻快地旋转,一圈圈,
> 引导着一月月,一年年。
> 海洋,连同所有鱼龙,
> 向月光跳着莫利斯舞踊;①

舞蹈着的海洋早已有之,不是弥尔顿的独创。下面是约翰·戴维斯爵士《乐池》(Orchestra) 中的版本:②

> 啊,大海,围绕着陆地奔涌,
> 就像是女士束腰的胸衣,
> 它们都明白音乐和舞步;
> 大海清澈的目光总是
> 望向月亮,紧紧追随。
> 随着月亮在她皎白的天层舞蹈,
> 大海也围着陆地起舞。

我不需要再举其他例子,因为《乐池》就是将宇宙视为舞蹈的集大成之作。约翰·戴维斯 1596 年发表该诗,当时他

---

① [译注]《科马斯》,页 8。
② 约翰·戴维斯爵士,注意不要与平民诗人、作家赫里福德的戴维斯混淆。约翰·戴维斯是诗人、律师,还是爱尔兰司法部长,写过有关爱尔兰天主教问题的文章。《乐池》一诗收录在《牛津 16 世纪诗歌》(Oxford Book of Sixteenth Century Verse),并由 Chatto and Windus 出版社发行单行本。

27 岁，是律师学院（Inns of Court）的学生。① 该诗被公认是奢华瑰丽的。从诗学上讲，它是最具幻想和灵性的伊丽莎白时代诗歌之一，用纯熟的技巧在怪诞与崇高之间游走。该诗与《仲夏夜之梦》（*A Midsummer Night's Dream*）同时代，这可不是毫无深意。它的题材既有创新元素，又有大量对宇宙的公认看法。诗人重述了那晚，伊萨卡岛（Ithaca）上，佩涅洛佩（Penelope）出现在追求者中间，雅典娜给她注入绝伦的美。诗中的追求者里，[97] 追求者中最文明的安提诺乌斯（Antinous）乞求与她跳舞，他要

> 效仿天堂，天堂中的诸多美好
> 日夜永远转动。

佩涅洛佩拒绝参与舞蹈这个混乱、不合礼数的活动。两人随后围绕舞蹈进行了辩论。安提诺乌斯坚持认为既然宇宙本身就是一场由数个小舞蹈构成的大舞蹈，那么人也要加入其中。最初，创世之爱劝说互不相让的原子有序移动，后来所有时空及其所含之物均加入舞蹈。星体有自己的舞蹈，最大的是"大纪年"（The Great Year），时长是六千个太阳年。② 太阳绕着地

---

① ［译注］文艺复兴时期的律师学院对戏剧的发展做出了重要贡献，很多剧作家出于此处，例如多恩、锡德尼等。

② ［译注］大纪年是指星体运动回到起点所需的时间，至于具体时间长短，古希腊学者的论述各有不同。剑桥大学出版社 1902 年出版的古典学学者亚当（James Adam）编辑和注释的《理想国》是迄今为止最详尽的《柏拉图》学术版本之一。在卷八附录，亚当详述了"大纪元"的概念和长短，其中，柏拉图和托勒密认为大致是 36000 年，赫拉克利特

球舞蹈。各种元素都有各自的舞步。地球上,各种情形

> 进、退、擎起、旋转,
> 都追随着天体音乐。

植物和石头等也以某种方式加入:

> 看这些甜美的花儿
> (地球佩戴上的唯一珠宝,
> 当年轻的太阳勇敢地追求她之时),
> 花儿一听见风,
> 就随之摇摆着轻柔的身体。
> 虽然没有完美的舞步,
> 但音乐时常让她们亲吻。
>
> 是什么让攀附榆树之藤舞蹈?
> 让它盘旋、蜿蜒、拥抱树干?
> 是什么让磁铁悄然指向北方,
> 仿佛它寻到了

(Heraclitus)认为是 18000 年,恩培多克勒(Empedocles)认为是 30000 年,而菲洛劳斯(Philolaus)认为是 59 年。亚当指出,在早期天文学家的著作中,"大纪年"常被称为"大柏拉图年"(Great Platonic Year)。详见 James Adam, *The Republic of Plato*, Cambridge, 1902, Vol II, pp. 303 -305。此处蒂利亚德所说的"六千太阳年"(six thousand years of the sun),则出自约翰·戴维斯《乐池》的第 35 节,长短有别于"大柏拉图年":"那大纪年包含了/六千个太阳在自己轨道转一轮的年份"(That great long yeare that doth contain no lesse, / Then threescore hundreths of those yeares in all/ Which the Sunne makes with his course naturall)。

> 可以归附的主要的迷人美德。
> 慈爱的自然首先让万物生爱,
> 爱让他们舞蹈,有秩序地移动。

人类经验中,舞蹈正是文明的基础。佩涅洛佩身上充满着舞蹈却不自知:

> 爱舞在你忽闪的眼睑上,
> 爱舞在你的脉搏里、血管中,
> 爱,你缝衣的时候,针尖飞舞,
> 跳出千种旋转翻动产生的
> 奇异音乐,这状态持续着,
> [98] 以显示你柔美的双手可尽情舞蹈,
> 你的精致双脚也可如此。

在爱神的指示下,安提诺乌斯给了佩涅洛佩一块神奇的玻璃作为最后的劝说。佩涅洛佩从中先看到月亮和围绕其转动的千颗星星,然后她看到了凡界月亮——伊丽莎白女王,身边围着朝臣。

> 更为明亮炫目的伟大光芒,
> 在她的身边,她那优雅洞悉的眼睛
> 环顾四周,看到群臣欢庆,展开了微笑;
> 她确是经常欺骗时光。
> 没有凡人的眼睛能在别处见到
> 如此一景,它包含国家、艺术,还有更多。

> 她的男爵们勇敢、女士们娇美,
> 倘若在别处,他们都为最佳,
> 这许多对儿无与伦比的可爱佳人,
> 被看到手挽着手,
> 向女王行礼。
> 他们向前走着,脚步
> 应和着最甜美庄严的旋律。

约翰·戴维斯的诗没有完成,但可以推测,伊丽莎白身处"我们这黄金时代"的朝廷之舞中心的一景,可能会说服佩涅洛佩放下偏见。

引入伊丽莎白和群臣并非仅为了奉承,它说明政治身体中也复制了宇宙舞蹈,因而也完善了"大宇宙"、政治身体和"小宇宙"的舞蹈序列。同时,它也说明了一个伊丽莎白时代思维的核心:从抽象到具体、从理想到现实、从神圣到俗世的灵巧过渡。上文也已给出原因:伊丽莎白时代的人深刻意识到人同时具有"善于思考的头脑"和"被污染的意志"。因此约翰·戴维斯得以从神秘的天体舞蹈过渡到伊丽莎白时代朝臣的舞蹈,中间毫无割裂。

《乐池》是首精巧之诗,纯粹说教,是一个总体教义的完美图解,[99] 但它从这个总体教义汲取了诗学养分。此诗对它其中描绘的秩序并无畏惧和怀疑,证明伊丽莎白时代的人在一个危机四伏的世界竟然保持了重要的思维传统。约翰·戴维斯并非不知威胁的存在:

> 只有地球永远恒定,
> 岩石不移,山峰不倒;

> （虽然存在有些学习能力的人
> 说天堂固定，地球疾驰
> 在他们脚下灵巧转动）：
> 然地球虽总不移，
> 但舞蹈永在她辽阔的胸襟。

假如约翰·戴维斯知道哥白尼天文学说（如这里的引文所示），他必然也知道当时科学已经打破了天堂永恒不变的这个神话。但他仍然选择相信他的时代和他所沿袭的信仰，像大多数同时期的人一样，拒绝因为接纳不过是插曲的事物而破坏内心深处的坚守。

第九章 后 记

[100] 以《乐池》一诗结束本书的论证再合适不过，因该诗既包含了我前面论述的普遍观点，也是所谓"伊丽莎白时代"的重要作品。它能让人追问，考察伊丽莎白时期的宇宙图景，是否会得到一些基本推断。我倾向于指出三点推断，每条都像事实来源一样平淡无奇，但这并不是反对它们的理由。

其一，《乐池》中涌现出极具创意的蓬勃朝气，与它所在的时代相符，提醒我们，"真正的"伊丽莎白时期——1580年到1605年间的25年——的确是个伟大的时代。目前有人想把"玄学派诗人"（Metaphysical poets）视为新鲜创意的中心，虽然说得过去，但其实不会成功。这就相当于把欧里庇得斯（Euripides）置于埃斯库罗斯（Aeschylus）之上，或是把晚期哥特式风格（perpendicular style）置于早期英式风格（Early English）之上。① 也许个别人有权喜爱《伊翁》（*Ion*）甚于《七将攻忒拜》（*The Seven Against Thebes*），或者欣赏温莎城堡的圣乔治教堂（St George）多于韦尔斯大教堂（Wells Cathedral），但不能贸然剥夺早期艺术的创造中心地位，把它安在晚期艺术头上。更进一步说，伊丽莎白时代的作家们带着诚

---

① ［译注］埃斯库罗斯在年代上先于欧里庇得斯。早期英式风格（1180-1275）是指早期英国兴起的哥特式建筑风格，早于14、15世纪的晚期哥特式风格。

挚、热切和信心去审查宇宙疆域的构成，足以让我们高看一眼。他们的这些特质也使我们能从貌似无关联的作家中找到意外的联系。我认为关联最显著的有斯宾塞、锡德尼、雷利、呼克尔、莎士比亚和琼生，他们都怀着这个诚挚、热切和信心，坚守着经都铎王朝修改过的中世纪世界图景，哪怕是已经知道此图景正在动摇。这六个作家也让伊丽莎白时期的文学成为大事件。［101］后来的弥尔顿难以置信地延续了他们的精神。多恩虽然也伟大，但缺少这六位的信心。多恩时代的新哲学与这六位不同，它怀疑一切。多恩身后的追随者们，虽然或精巧、或优雅、或华丽，却不再简明有力。而我们需要看清的正是伊丽莎白时代大师们的这份最基本的简明与力量，避免把伊丽莎白时代的风格降格为行吟、哗众。

其二，文学中最简朴的就是最伟大的，这条古老的真理非常正确。我希望本书已经展示给某些人：在貌似最新颖、最具个性（当然某种意义上确如此）的作家的作品中，占据中流砥柱位置的是比读者预期还要简朴的事物。雷利对创世荣光和死亡的论述，莎士比亚对人在世界中地位的评说，好像都出自作者自己，产自其骨血。这些话述用文学的方式，阐释了那个时代每个三流头脑都有的观点。斯宾塞的表述让人着迷，但除此之外，他的哲学思想几乎是老生常谈，不过是更文雅一些。从而见得真理：诗人在最正统、合乎时代之时才最独特，最简单才最本真（ipsissimus cum minime ipse）。

最后必须承认，伊丽莎白时代之于我们是怪异的。认为《乐池》是其时代怪诞之作的人一定还没理解伊丽莎白时代，因为它就是典型的伊丽莎白时代诗歌。当时的读者，无论思维多活跃，读这首诗一定都会再舒服不过。平心而论，这诗的确是怪诗，就像本书讲的事物也是怪的。您看：上帝把湿热的气元素置于干热的火元素与湿冷的水元素之间，防止它们打起来；天使用苍穹的气显形，而恶魔用地上的气显形。如果此类观点摆在我们面前，我们无论如何也不能像伊丽莎白时代的人一样严肃对待。但如果我们忽略这份严肃，或者认为伊丽莎白时代的思维习惯已经是过去完成时，那就大错特错了。倘若我们真实地对待自己，就必须承认我们胸中某处也存在着这种思维习惯，[102]不管它多么怪异。如果再琢磨一下，我们或许能看到这个思维习惯与中欧的某些思维倾向类似（论怪异程度而不是残暴程度），而那些倾向于科学思维的知识分子们忽略了它，这也没少让世界陷入今日的冲突与不幸。

英格兰文艺复兴

——事实还是虚构?

前　言

1950—1951 年间，我有幸在约翰·霍普金斯大学（John Hopkins University）做特恩布尔纪念讲座（the Turnbull Memorial Lectures）。本书收录这些讲座的讲稿，稍加修改。讲座之于我是件乐事，其一是因为有忠实且热情的听众，其二是大学工作人员的友好安排让我毫不拘束。可能这两样在别的地方也遇得到，但特恩布尔家族设立该讲座系列已经六十余年，能够参与其中，也是不常见的经历，我有幸得到这个机会，也很感激。

在抒情诗一章里，我要感谢钱伯斯（Sir Edmund Chambers）的论文《论中世纪抒情诗》（Some Aspects of the Mediaeval Lyric），该文最早出现于钱伯斯和塞奇威克（Sidgwick）的《早期英语抒情诗》（*Early English Lyrics*）的附录中，后收录在钱伯斯《华埃特及研究选集》（*Sir Thomas Wyatt and Some Collected Studies*）中。因为在这章中，我评论了一首写荒野中的少女的匿名诗，于是写信给《泰晤士报文学周刊》（*the Times Literary Supplement*），论述了此诗，寻求帮助，信在 1951 年 5 月 11 日见报。康奈尔大学（Cornell University）的萧克（R. J. Schoeck）写了一封很有意思的回信。

蒂利亚德

1951 年 11 月

于剑桥耶稣学院

第一章 文艺复兴

[3]"英格兰文艺复兴——事实还是虚构?"我给这本论文集起的标题显然醒目又艰深。可标题本就该醒目,这个题目毕竟要比别的好些,比方说这个——"从中世纪到文艺复兴过程中思维方式的过渡——以某些英国文学为例"。醒目的标题可能引发读者的期待,而以下几篇文章或许并不能满足这个期待。在阐述之前,我要提醒读者:这些文章无关思想史,讨论的观点是通俗的,在它们自己的时代里广泛存在。我做出的任何新论断,都属于文学评论而不是思想史的范畴。

我虽然不怎么关心过去几个时代里人类思想演变的详细历史,但对一些中世纪和文艺复兴时期文学作品的评论还是带有比较重的观念倾向,或者说我的评论由这种观念贯穿起来。[4]早些时候,虽然力求公正,但我首要考虑的是两个时代间的关联和延续。现在,为了校正和平衡,我主要考虑两个时代的不同,但当然还是要努力做到公允。

首先,我会大致描述中世纪和文艺复兴时期英格兰思维习惯的一些显要不同,继而在三种主要文学领域——抒情诗、史诗和文学批评中,测验和例证这些不同。这是一个棘手的任务,要平衡大众口味和学术特点,我可能还没有做到完全连贯,史诗和文学评论的部分要比其余更学术一点。

如果你问一个典型的19世纪晚期维多利亚时代的人怎么

看文艺复兴,很有可能会得到如下答案:文艺复兴呈现了新的生活方式。在中世纪的种种制约和让人枯萎的禁欲主义之后,文艺复兴是鲜丽的爆发。维多利亚时代的人认为它主要与意大利紧密相连,有一些零散的、具象化的联想,一般是佛罗伦萨城(Florence)和阿尔玛菲城(Amalfi),[5]嘉年华和毒杀、橘子树和红酒、诗人勃朗宁夫妇①意大利科莫湖(Lake Como)边的蜜月,还有布满鲜亮画作的教堂和画廊(是的,画作首当其冲)。

"文艺复兴"这个词让维多利亚时代的人沉醉。它搅动人们的脑海,当水中的泥逐渐沉淀,结论变清晰:文艺复兴是艺术创作的大喷发。奇马布埃(Cimabue)和乔托(Giotto)是它的萌芽,经过安吉利科(Fra Angelico)、波提切利(Botticelli)、贝鲁其诺(Perugino)的发展,无可争议地在达·芬奇(Leonardo da Vinci)、米开朗基罗(Michelangelo)、拉斐尔(Raphael)那里达到顶峰,同时辅以仅稍逊于他们的缇香(Titian)和其他一些威尼斯派的艺术家。三人中,拉斐尔是时代骄子,他的《西斯廷圣母》(*Madonna*)是世上最伟大的画作,现存德国茨温格宫的早期绘画大师美术馆(The Gemäldegalerie Alte Meister)。

当然还有古典作品。中世纪荒蛮到遗忘了古希腊艺术,但人们重新发现古希腊时兴奋不已。很好,这是应该的。维多利亚时代的人可能说不清这兴奋以什么样的形式呈现,他只知道

---

① [译注]备受维多利亚时代人喜爱的诗人罗伯特·勃朗宁(Robert Browning)与伊丽莎白·勃朗宁(Elizabeth Browning)夫妇,二人婚后居住在意大利。

热潮很快兴起，也确信它是件好事。

主流思潮之外，还有罗塞蒂（Rossetti）圈子提出的前卫观念，其中一些人把文艺复兴的高潮在时间线上向前推进了一些，认为纵然达·芬奇、拉斐尔和米开朗基罗伟大，但在波提切利身上，更有颠覆性特质。[6] 持此观点的就有吉尔伯特（Gilbert）《蓓申丝》（*Patience*，1881）中人物，年轻的班索恩（Bunthorne），他唱道：

> 一位日本年轻男子，
> 一位忧郁苍白的年轻男子，
> 一位如弗兰切斯卡·达·里米尼（Francesca da Rimini）般优雅的
> 无法用语言描述的年轻男子。①

这些复古的爱好者也许从来没怀疑过文艺复兴的价值，他们只是将花期往前推了一点儿，或者说他们喜爱不同的花期。玫瑰还是玫瑰，不过是有人（更有品味、更敏感的人）喜欢含苞待放的骨朵胜于喜爱繁花。

---

① ［译注］《蓓申丝》是欢快歌剧，唱词由吉尔伯特所作，唱的是年轻人的恋爱纠葛，一般认为是对英国当时"唯美主义"审美（art for art's sake）的反讽。年轻诗人班索恩受女性爱慕，但他却喜欢牛奶女工蓓申丝，可蓓申丝却心仪另一位诗人格罗夫纳（Grosvenor）。班索恩恼怒，认为格罗夫纳抢了他的风头，要格罗夫纳变得普通点儿，但格罗夫纳却对女士们的关心不为所动，他不太在意外表。在第二场唱段18"当我走出门去"，两位年轻诗人各自描述了自己的理想状态，格罗夫纳想变得平凡，班索恩渴望关注。此处唱词中的里米尼在现实中是位女子，被但丁文学化，写在《神曲》中，而波提切利为《神曲》做了92页的插图，被公认为文艺复兴时期画作中的经典。

粗略地说，这样的观点从 19 世纪后期一直流行到 20 世纪。《家庭大学丛书》(*The Home University Library*) 中收录了西奇尔女士 (Miss Sichel) 关于文艺复兴的书，书的开篇如下：①

> 米开朗基罗在西斯廷教堂顶画的新生的亚当，或许可以视作文艺复兴的象征。那个时期重新塑造了人的形象，比以往更光辉，袒露着身体，却不为之羞愧，有着不受斋戒影响的强壮臂膀，伸向生命和光。定义一向有误导性，用符号代表文艺复兴远比定义来得容易。文艺复兴是运动，光复人的能力，唤醒他对自身和宇宙的意识。

[7] 语气不容置疑。作者十分确信读者早心怀这样的偏见，他们肯定"光复人的能力"，反对压迫，而对人的压迫被认为是中世纪的惯例。

请注意，我所讲的是大众对中世纪和文艺复兴的流行看法，不是学术或专家意见，同时，我讲的是英国的流行看法，而不是美国的。亚当斯（Henry Adams）的《蒙特·圣米歇尔与沙特尔》(*Mont-Saint-Michel and Chartres*) 在英国少有人知，远不及他的《亨利·亚当斯的教育》(*The Education of Henry Adams*) 受众广泛。然而，《蒙特·圣米歇尔与沙特尔》这本书很好地意识到了文艺复兴在 13 世纪的绽放，而在美国大众的流行看法中可能也有类似的看法。不过，这本书直到

---

① [译注]《家庭大学丛书》从 20 世纪前期开始出版，收录思想经典书籍。西奇尔女士（1862—1914），英国作家，著作包括《法国文艺复兴时期男女》(*Women and Men of the French Renaissance*, 1901) 和《文艺复兴》(*Renaissance*, 1914) 等。

1904 年才被印刷（且只是私下印的），所以我认为，至少在 19 世纪，美国与英国有相似的流行观点。

每个大规模流行的错误必定都会遭遇激烈的矫正，然而人往往怀着强烈反感以至于矫枉过正，最终像以前一样远离了核心真理，只不过是在相反的方向上远离。过去三十年，大家过于倾心中世纪，以致有些人甚至发展出对中世纪之后的文艺复兴时期的敌意。人们更沉醉于中世纪的艺术、哲学和经济。下面，我也会举出两个菲薄文艺复兴的例子。

1914 年，贝尔（Clive Bell）出版《艺术》（*Art*），[8] 这是一部华而不实、自信满满的破旧立新之作，抨击了整个文艺复兴艺术的有效性。贝尔和他的同道中人赞赏拜占庭艺术的严谨和抽象，具体例子有拉韦纳市（Ravenna）和雅典附近的达夫尼（Daphni）的晚期镶嵌艺术（mosaics）。这些人把一些不怎么进行现实描摹和再现的作品奉为典范，用一种几近狂热的勇敢姿态想要打破旧有体系，再创新。旧体系有两个高峰时代：雕刻家菲狄亚斯（phidias）和雅典帕提农神庙（parthenon）；前文提到的 16 世纪初期意大利的三大家。贝尔则认为公元前 8 世纪是个高峰，另一个更高的顶峰出现在公元 6 世纪并延续六百年，横跨所谓的中世纪"黑暗时代"（Dark Ages）。乔托是这座山的最后一个峰（也绝不是最高峰），在他身后则是糟糕的一路衰落，直到 19 世纪后半叶法国印象派（Impressionists）崛起。

更严重的抨击是认为文艺复兴缺少精神性，注重感官，过分强调人。此处，我举在我们剑桥曾有着影响力的休默（T. E. Hulme）为例，他翻译过法国哲学家索雷尔（Sorel），自己也是对意象派诗人影响极大的批评家。休默认为文艺复兴和浪漫主义从属于一个大型的邪恶思潮：无视原罪、盲目夸大人的精神，[9] 毫无敬意地掠夺本属于上帝的东西。休默认为文艺复兴与它之前的时代在如何看人方面，针锋相对，他也阐释了这两种看法，收录在他的笔记全集，在他身后由瑞德（Herbert Read）出版，取名《思考》（*Speculations*）。

  两种对人的看法渗透在各自的时代，可以从其艺术的区别中看出……我们可以称文艺复兴艺术为"活力"（vital）的艺术，因为它的愉悦仰仗复制人和自然的种种形态。拜占庭艺术与之恰好相反，它无关活力，人们从中体验的情感并非来自对人和自然生命的描摹所带来的愉悦。几种原因导致拜占庭艺术采用几乎几何式的形态：厌恶生命体细微偶然的个性特征，追求禁欲，生命体不可能拥有的完美和严密。
  人受某些绝对道德观念（absolute values）的束缚，因为从来不以人的形象为乐，所以也就不需如实描摹，它常常被扭曲，以适应更抽象的表现形式，表达强烈的宗教情感。此两种艺术表现正对应了各自时代的思维方式。在某些抽象理念和完美主义的对比下，人和任何现存事物都是不完美、有罪的，这是拜占庭艺术对应的意识形态；文艺复兴艺术则对应人文主义理念，视人和生命为良善，与各种存在是和谐共处的关系。

有意思的是，[10] 这段文字之前引用了韦伯（Max Weber）和其他经济学家把高利息、资本主义与宗教精神的衰落联系起来——这又成了让某些人全面谴责文艺复兴的一个理由。

  好在我们不必从上面两个粗暴极端的看法中做选择。我们可以折衷：同意西奇尔女士，欣赏米开朗基罗画笔下亚当的华贵，但又反对将亚当与中世纪的禁欲主义作截然对比；与休默一样仰慕镶嵌艺术，同时也看清他对文艺复兴艺术的嘲讽不过是狭隘的过度简化，是错误的。冷静推敲，就会发现休默的简化简直可笑。在他笔下，仿佛整个文艺复兴艺术的价值仅在于再现生命体带来的愉悦，好像其中不存在对抽象和形式的关照。倘若说文艺复兴艺术有显要特征的话，也就是它启用了远不同于中世纪的创作原则，和有无生命体的愉悦并无关系。更何况，不同艺术家作品中的愉悦在量上也不尽相同。哪怕像米开朗基罗或者缇香那样丰盈的愉悦，也伴随着就算不是更大，起码也是同样大的由纯形式的抽象而来的愉悦。比如委罗内塞（Paul Veronese）的大幅寓言画作，那里面构图占绝对地位，相形之下，人体描摹的愉悦不算什么：[11]观者需要特意留心才能注意被画客体，以及所表现的形象中人的特征。

　　此处稍微离题，回到我们可以自由选择进行折衷的话题。当前学术上的权威发现支持这种折衷。现代学术的杰出成就之一（美国学者们发挥了很大作用）就是把中世纪和伊丽莎白时期联系起来，追踪《蒙特·圣米歇尔与沙特尔》所描述时代的思潮，体察它们在新兴学问出现以及宗教改革的时代变成了哪种模样。结果呈现两个层次：首先，大家发现文艺复兴精神的开端可以追溯到纯正的中世纪时期；再者，中世纪并未于15世纪或16世纪早期戛然而止，它一直延续到了17世纪，伴随着科学精神的兴起。请允许我详细阐释。

　　早在1872年，佩特（Walter Pater）就在文章中描述并再次确认了法国学者早先的看法，即法国于12世纪末、13世纪初存在一种"前文艺复兴"（pre-renaissance）；该文后来成为《文艺复兴》（*Renaissance*）一书的第二篇。法国前文艺复兴的繁盛首要体现为沙特尔大教堂的雕像与勒芒（Le Mans）教堂窗户的镶嵌彩色玻璃窗，两者"修补了中世纪和文艺复兴中间的断裂，这断裂常常被人夸大"。[12] 法式前文艺复兴也在其他地方开花。引用佩特的话：

> 这里那里，数量虽少，却让人欣喜。在高耸的建筑中，在浪漫之爱的教义中，在普罗旺斯地区的诗歌里，中世纪的强硬逐渐转化为柔美，给后来古典的复兴提供了种子，让人们追随古希腊世界（Hellenic）中的柔美。而之前很长一段时间，柔美被禁锢打击，那是真正的"黑暗时代"，那时，多少智力和想象的愉悦之源消失不见，而现在这股现象的出现，打破了以往，正该被称为文艺复兴。

佩特论述法国文艺复兴与中世纪的断裂与 19 世纪文艺评论家评价 18 世纪诗歌相似，都是将凡是对他们胃口的东西从其前代中抽离，否定前代的一切，认为研究对象是更好时代的先驱。诗人汤姆生（James Thomson）的《逍遥宫》（*Castle of Indolence*）原本模仿斯宾塞，是华丽的戏谑诗，类似奥古斯都时期的诗歌，① 然而，因它有某些高度音乐性和田园画面感的诗节，人们就将这首诗从其产生背景中剥离开来，说它预兆了后来更伟大的诗人济慈的出现。虽然如此，这种做法也还是强于唾弃整个前时代。科尔（W. P. Ker）比佩特走得更远，提出一种更不同的断裂，认为它出现在 12 世纪，其时，圆形罗

---

① ［译注］奥古斯都时期诗歌（Augustan poetry），指奥古斯都大帝（Caesar Augustus）统治时期的诗歌，以维吉尔、贺拉斯和奥维德为代表。英国 18 世纪的诗歌在一定程度上是对奥古斯都时期诗歌的模仿与复兴。

马式穹顶（romanesque arch）被尖耸的哥特式取代，[13] 条顿（Teutonic）史诗传统让位给精致的罗曼司传奇（romance）和深奥的中世纪哲学。人文主义的真正黎明是在 12 世纪。这是科尔的论断，早在 1896 年发表于《史诗与罗曼司》（*Epic and Romance*），是学者论述中最富预言色彩的。

  12 世纪的改变有着重大意义，对后世影响深远，丝毫不逊于"文艺复兴"这个词通常所指的那一场巨变。后期文艺复兴，就想象的文学来说，并没有像 12 世纪那样，做出了急促和突然的转折。文艺复兴时期的诗歌与罗曼司自然延续着中世纪的文学，现代式的人文学科研究在中世纪已经开始，哪怕是在黑暗的中世纪之初。12 世纪坚决维护了古代诗歌的传统，为新的方言及其新的韵文形式开辟天地，让人称道。特鲁瓦的克雷提恩（Chretien of Troyes）与远古史诗间存在着鸿沟，① 但他与亚里士多德之间并没有这样的分别。

自科尔 1896 年《史诗和罗曼司》出版以来，两个时代间很多细微的联系与过渡都被发掘，这我虽不关心，但还是要简略论述一个当时的个案，希望对我们有所启发。[14] 它就是教会活动的一部分——布道。

  假设你问一个维多利亚时代的人，中世纪和宗教改革后的宗教实践各有什么主要特征，他可能会说，前一个时期是宗教仪式，后一个则是布道。这之后发生了什么呢？欧瓦斯特

---

① ［译注］特鲁瓦的克雷提恩，12 世纪法国诗人，翻译了奥维德《爱的艺术》（*Art of Love*），擅长骑士题材。

（Owst）给我们展示了中世纪传道的范围和效力，① 豪勒（Haller）认为这个传统在伊丽莎白时期被清教徒传道士传承，② 因而中世纪和 17 世纪这个布道的光辉时代之间并无断裂。道森（Christopher Dawson）如此评价自由运用布道素材的兰格伦（Langland）：

> 他的精神后继者不在天主教里，甚至也不在英格兰国教中，而是存在于清教徒和叛逆者之中，与福克斯（Fox）、班扬、怀特菲尔德（Whitfield）和布莱克（Blake）为伍。③

这不稀奇。思维能力让我们知道班扬的《天路历程》流着中世纪寓言《灵魂朝圣之旅》（Pèlerinage de l'âme humaine, Pilgrimage of the Human Soul）的纯正血统，而想象能力说服我们相信它不是孤立的现象。

中世纪与文艺复兴之间并不存在断裂，我在《伊丽莎白时代的世界图景》中已经为这个论点做了一点小的佐证。那本书中，我将力气花在两个时代的相似之处上，有可能存在

---

① ［译注］此处应该指欧瓦斯特的《中世纪英格兰的传道：1350—1450 年间布道手稿》（Preaching in Medieval England: An Introduction to Sermon Manuscripts of the Period c. 1350–1450, 1926）。

② ［译注］此处应指豪勒的《清教的兴起》（The Rise of Puritanism, 1957）。

③ ［译注］此处引用的道森文章出自《农夫皮尔斯的视界》（The Vision of Piers Plowman）。兰格伦，14 世纪人，寓言诗《农夫皮尔斯》的作者。福克斯，应指乔治·福克斯（George Fox），宗教异见者，创办贵格会（the Quakers or Friends）；怀特菲尔德应是卫理公会（methodism）创建者之一；布莱克，前期浪漫主义诗人，擅长宗教题材。

夸大相似性的危险。[15] 也正是因为这种危险，我才要进一步阐释两个时代的不同。已知中世纪和文艺复兴之间不存在突然的断裂，但也不得不承认，后者中出现的某些潮流（它们甚至可以追溯到 12 世纪）飞速发展，以至于给人以新奇的印象。

我首先大致研习人们对文艺复兴的三种传统看法或感受，随后在各章节中，针对已经提到的三种文学体裁，论述我的看法。这三种体裁是：抒情诗、文学批评和史诗。

马格斯（Laurie Magnus）所写的传奇盛行时期的欧洲文学概览于 1918 年出版，书中借《哈姆雷特》的段落描述了文艺复兴所谓的人文和反禁欲思想，同西奇尔女士对米开朗基罗笔下的亚当的描述。马格斯认为文艺复兴的全部哲学都体现在哈姆雷特的观察中：

> 人类是一件多么了不得的杰作！多么高贵的理性！多么伟大的力量！多么优美的仪表！多么文雅的举动！在行动上多么像一个天使！在智慧上多么像一个天神！宇宙的精华！万物的灵长！（第二幕第二场，朱生豪译）

在马格斯之前，也有人表示过这种看法。[16] 人们常常援引索福克勒斯（Sophocles）《安提戈涅》（*Antigone*）中论人的唱段，力证莎士比亚复制了这个古典观点，是真正的文艺复兴之子。索福克勒斯这样写：

> 奇异的事物虽然多，却没有一件比人更奇异；他要在狂暴的南风下渡过灰色的海，在汹涌的波浪间冒险航行；那不倦不朽的大地，最高的女神，他要去搅扰，用变种的

> 马耕地,犁头年年来回地犁土……他学会了怎样运用语言和像风一般快地思想,怎样养成社会生活的习性,怎样在不利于露宿的时候躲避霜箭和雨箭;什么事他都有办法。①

我们可以反驳马格斯的看法。哈姆雷特并不是在激烈反对中世纪压迫人的禁欲主义,认同人的绝对高贵。实际上,他很有中世纪色彩,只是复述了对于照上帝样子创造的人、他的理想样子的传统赞美词。我们也不需要去索福克勒斯那里寻找比较。神学家们已经这样说了有好几个世纪。下面这个例子就可以回溯到公元4世纪:

> 没有雄辩之词能形容人这个生物的多样高贵与优势。他能遨游四海,他也能通过默观漫步天庭,还能观察推测星体的大小和运行……[17] 他科学知识渊博,技艺不凡……他能与天使甚至上帝对话。他是万物之长。

更进一步说,哈姆雷特还有一个关于人的生动描述,恰好平衡了上述这种观点,那就是:人因原罪而堕落。

> 我很骄傲,有仇必报,富于野心,我的罪恶是那么多,连我的思想也容纳不下,文评的想象也不能给它们形象,甚至于我都没有充分的时间可以把它们实行出来。像我这样的家伙,匍匐于天地之间,有什么用处呢?我们都是些十足的坏人;一个也不要相信我们。(第三幕第一场)

---

① [译注] 索福克勒斯,《安提戈涅》,罗念生译,见《索福克勒斯悲剧集》,上海:上海人民出版社,2015,页31。

纵然哈姆雷特唾弃自己中掺杂着戏谑，那也不能让他的话背离中世纪传统。

仅仅说到这里还不够，让我们略微再探讨一些，看看莎士比亚的另一个有名选段及其与中世纪的比较。《裘力斯·恺撒》的结尾处，安东尼说勃鲁托斯：

> 在他们那一群中间，他是一个最高贵的罗马人；除了他一个人以外，所有的叛徒们都是因为嫉妒恺撒而下毒手的；只有他才是激于正义的思想，为了大众的利益，而去参加他们的阵线。他一生善良，交织在他身上的各种美德，可以使造物肃然起立，向全世界宣告，"这是一个汉子！"（第五幕第五场）

[18] 此处人的堕落远没有《哈姆雷特》中来得强烈，纵然我们说一部以罗马为背景的戏剧可不应该是这样，也无济于事。应该说莎士比亚在这种语境里可以运用新的方式，调遣自如。他可以仅因为勃鲁托斯是人的优秀范本，就给他加持更多中世纪里看似可能不存在的美德。我再举一个极端例子来作对比，中世纪最宏大的赞美诗中的一首——《愤怒之日》（*Dies Irae*，*Day of Wrath*），它可能始于 13 世纪。里面的三段唱词：

> 愤怒之日，那日，世界毁灭成灰，大卫和西比尔（Sibyl）为证人。
>
> 那时，该有多么大的战栗，当审判者到来，仔细盘查我们的所作所为。
>
> 那时，即便是好人也无法安全，而我，不幸的我，该

呼唤哪个保护者？

[19] 这里面，尤其是最后一行，否定了人文主义，否认人的自有美德。人类迷失自己，是邪恶的，哪怕是好人（例如勃鲁托斯）也处在岌岌可危的地位。或者看看马洛礼（Thomas Malory）笔下的兰斯洛特（Launcelot）和他为乌瑞爵士（Sir Urry）疗伤的行为。传说有云，乌瑞爵士的伤"永不会痊愈，直到全世界最好的骑士为其探伤"。很多骑士都尝试过，但他们都失败了。谦逊的兰斯洛特并没有妄想尝试，但迫于亚瑟王的命令，于是：

> 兰斯洛特请乌瑞爵士允许他查看头部。他虔诚地跪下，用手快速查看三处伤口，伤口流了点血。紧接着，伤口痊愈了，仿佛七年以来都不曾存在过。用同样的方法，兰斯洛特查看了乌瑞爵士身上其他三处伤口，它们也都一样痊愈。最后，他查看了手，上面的伤口也迅速地完美愈合。亚瑟王和所有国王、骑士齐齐跪下，感恩上帝与圣母。连兰斯洛特也流下泪来，仿佛是个被打的孩子。

像维纳弗（Eugène Vinaver）那样，把这些眼泪看作因扭转悲剧命运而流，那就严重错了（这不妨碍我仰慕维纳弗编辑的马洛礼作品集）。兰斯洛特的眼泪是在感慨人的荣光在上帝恒定世界投影下的卑微渺小。[20] 这样的眼泪在莎士比亚笔下勃鲁托斯的世界中没有位置。

再一次重申，我们要小心，不要以为所有人都认同莎士比亚对勃鲁托斯的无尽赞美。加尔文主义者显然不会这样，他们自感与《愤怒之日》贴得更近。加尔文这样论述人的本质：

人已全然远离神的义，人一切的思想、欲望和行为都是不敬虔、败坏、污秽，以及邪恶的。人心被罪的毒液渗透，甚至所散发的都是可憎的恶臭。即使有些外表看似善良的人，他们的心也充满虚伪和诡诈，被内在的邪恶捆绑。①

我这里阐述的是英格兰，不是苏格兰。在英格兰，加尔文派虽然活跃，但仍是少数。

大致来说，中世纪和文艺复兴如何看待人的位置，的确存在变化。然而，伊丽莎白时期的观点既不是《愤怒之日》中的那样，也不是斯温伯恩（Algernon Charles Swinburne）高呼着的、让维多利亚时期中产阶级吓得不轻的赞美诗：

人为最高贵！人掌管万物。

[21] 伊丽莎白时期的人们知道这两个互相冲突的观点，难得的是，他们成功地综合了两者。

文艺复兴的第二个常见现象是出现了新的"思辨"（speculation）自由。这个词语还有"商业投机活动"的意思。尽管广泛认为伦敦城和华尔街的行为可以追溯到文艺复兴时期，但我此处截取的不是这层含义。思辨这里指对人和世界本质的看法。这个现象是否准确取决于你如何理解。如果你觉得中世纪几乎不存在思辨，而到了文艺复兴时期突然出现大规模思辨，那你就错得离谱了。在中世纪也有不少思辨，但都仅存于某些

---

① [译注]加尔文，《基督教要义》，钱曜诚等译，北京：生活·读书·新知三联书店，2012，上册，页318。

领域。亚里士多德与托勒密的天文观念是两个权威,但又有各自不同的体系。科学史家已经告诉我们,中世纪天文学家为了调和这两个权威,可是产出了不少独具慧眼的思辨。但丁有着高度思辨性的大脑,但我们要认识到他的领域的有限性。我们也有可能夸大某些伊丽莎白时代的人的大胆思辨精神。说到这,人们常提到作家马洛,也常引用《帖木儿大帝》中有关无限知识(infinite knowledge)的诗行:

> 自然以四种元素构造了我们,
> 在我们胸中争相统治,
> [22]教给我们要有抱负之心气。
> 我们灵魂的感官可以认识
> 这世间美妙的结构,
> 计算每个星球运行的轨迹,
> 追逐着无限知识,
> 像永不停歇的天体层那样运转,
> 让我们劳作,不停息,
> 直到采摘到最成熟的果实,
> 完美的极乐,专有的幸福,
> 世上最甜美的果实。

这段和浮士德(Faustus)对经验的追求总是被用来展示一种狂喜,它源于知识之树所结之果不再是禁果,又或者,因是禁果而更令人激动:

> 渴求着不应知道的知识,

我们开始了往撒马尔罕（Samarcand）的黄金之旅。①

然而，马洛的诗行里面依旧有许多中世纪成分，而弗莱克（James Elroy Flecker）擅长写的危险禁忌知识也是中世纪的话题。帖木儿的轻蔑态度展现了一种新的自由思辨精神，同时也一样展现了七宗罪的第一宗——骄傲。因此，我们在很多地方都要防范，避免把中世纪和文艺复兴割裂开来。

但倘若你不太考虑这样或那样的个体呈现，而只关注大氛围，那确实存在真正的改变。[23] 结论就是：伊丽莎白时代的人们有新的、自由思辨的选择权，而在中世纪则没有；使用了这个选择的人可能比我们想象的要少很多，但选择的存在就已经很说明问题。蒙田曾经勇敢地质疑创世万物秩序级别的鲜明分野，他在《雷蒙·塞邦赞》（*Apology for Raimond Sebond*）中写道：

> 就是这种妄自尊大的想象力使人自比为神，自以为具有神性，自以为是万物之灵，不同于其他创造物；动物其实是人的朋友和伴侣，人却对它们任意支配，还自以为是地分派给它们某种力量和某种特性。他凭自己的小聪明怎么会知道动物的内心思想和秘密？他对人与动物做了什么样的比较就下结论说动物是愚蠢的？当我跟我的猫玩时，谁知道它跟我消磨时间还是我跟它消磨时间？我们都用各自的花招娱乐对方，我可以选择何时开始和结束，她也同

---

① ［译注］出自下段中提到的弗莱克的诗《通往撒马尔罕的黄金路》(*The Golden Road to Smarcand*)。

样可以。①

像这样让人和动物平起平坐,是在混淆存在巨链的法则,是在质疑上帝创世时赋予亚当的统领万物的权力。

思辨层面的这种颠覆,竟也没能阻止蒙田的文集被译成英语,且读者众多。[24] 即便英格兰在培根(Bacon)之后才到达思辨精神的顶峰,但其实早在培根思想成熟之前,思辨已经有了肥沃的土壤。

现在我们来看大家对文艺复兴的第三种感受。这一时期流传甚广的书是卡斯蒂廖内的《廷臣论》,以至于斯宾塞在《仙后》中都把懂礼数(courtesy)列为人物的美德之一,这个伊丽莎白时期的典型美德承自中世纪的骑士理想传统。后来者是延展、修改了前者,还是又有了新的规则?这样的问题没有意义,因为两个答案都应该是肯定的。两套美德的相似之处在于都基于宗教并设定某些高标准,而同时,文明史上一个重要元素进入了伊丽莎白时代的美德体系。

中世纪的行为准则出自抽象的理想目标,教养好的男性对待教养好的女性,应当遵守一套规矩,不管那女性是玛格丽特、玛丽还是伊丽莎白,也不管玛格丽特、玛丽、伊丽莎白是不是喜欢这套规矩。这套抽象规矩执行起来貌似违背了对英国骑士最有名的描述——《坎特伯雷故事集》(Canterbury Tales)"总引"(prologue)中的骑士和扈从。身披长衣的骑士,那长衣被铠甲磨得满

---

① [译注] 蒙田,《雷蒙·塞邦赞》(*Apoiogie de Raimond de Sebonde*),马振骋译,上海:上海三联书店,2006,页15。本段中最后一句"我们都用各自的花招娱乐对方,我可以选择何时开始和结束,她也同样可以"为译者自译,原文此句在马译中似乎被漏译。

是锈迹；扈从是他的公子，[25]"有一头像是火钳烫出的鬈发"，① 在餐桌上恭恭敬敬地为父亲切肉。读者会以为这分明是活灵活现，哪里是抽象！我不认为是这样，不管这两个人物的描述如何细致入微（乔叟此处妙笔生花），他们还是理想化的。仔细阅读写到二人的部分和各自的事迹就会发现，他们不受真实生活中随机事件的左右。在与人性交战时，骑士从来没有失节：

> 一生中无论遇到怎样的对方，
> 他从来都不曾说过一句粗话。②

肯定没人有这样的高度自制力。而扈从呢，是个情人，成功地砍掉所有睡眠（像个夜莺一样）。并非情人们真的可以无需睡眠，而是人们想象中的理想情人就该这样。因此，当乔叟说骑士"举止的谦和简直就像是姑娘"的时候，③ 他是让人物恪守理想的骑士传统，至于这骑士交涉的对象是否喜欢他谦和的举止，就不在考量中了。

提到乔叟，我还想暂时中断讨论，花一点时间说说研究中的基本原则。这个原则是：在任何一个时代对比的研究中，首先必定需要确定某个时代的规范，[26] 在考察不同时代的过程中，不要变更你的评判标准。如果你将一个时代的规范定为探索精神、高度重视思想，而将与之对比的另一个时代的规范定为大众的保守倾向，那么，即便对这两个时代都把握准确无

---

① [译注] 乔叟，《坎特伯雷故事》，黄杲炘译，上海：译文出版社，2013，页7。
② [译注]《坎特伯雷故事》，页7。
③ [译注] 同上。

误,但对比的结论实际上也是谬误。学者们通常不会这样,但往往一旦有了既定结论,为了急于论证结论的正确,会不自觉地犯这个错误。写思想演进史的人需要明确说明自己的评判标准。我自己倾向于中间立场,不偏向先锋派,也不偏向顽固派。这就需要发现任何时代里中等资质人持有的、具有普遍意义的、没有争议的看法。如果选择记录时代中最先锋思想家的大胆思想,那就离中间立场相去甚远了。

上文说乔叟的骑士和扈从是典型的中世纪形象,但不是说乔叟任何时候都属于中世纪。现在正流行后面这种看法。C. S. 刘易斯(C. S. Lewis)出色地论述了乔叟《特洛伊罗斯与克蕾丝德》(*Troylus and Criseyde*)中如何默认并展示中世纪的特色,人们也常认为他的论述严重冲击了劳恩斯伯里(Lounsbury)和麦凯尔(Mackail)等对乔叟先锋性的论断。① 我倒不这么看,[27]《特洛伊罗斯与克蕾丝德》里,哪怕乔叟确实以中世纪的设定开篇,但结尾的处理却创造出了第一部英语心理小说。

或者看看乔叟的另一部作品《声誉之宫》(*The House of Fame*),会发现有这样一段,它虽然有着中世纪的构造,却在末尾生生把你从中世纪背景中抽离出来。这段文字出现在第三卷,描述了一群各色人等到声誉之宫打听或者争取他们的声誉。首先是一些有德行的人想要奖赏,声誉女神(Fame)声称他们将不会再获得声誉,不管是赞美还是诋毁,以此将他们打发走。然后声誉女神召唤来风神埃俄罗斯(Aeolus),让他

---

① [译注] 劳恩斯伯里,美国学者,著有三卷本《乔叟研究》(*Studies in Chaucer*, 1891);麦凯尔,苏格兰诗人、学者,对诗歌颇有研究。

带上两把号:一把金号,专门吹奏赞美;一把黑号,用来诋毁。后来来了类似的一群人,虽然他们一生致力于修行,但声誉女神却将他们诋毁。到了第三批人,声誉女神则反过来赐给他们受之有愧的盛名。

接着,突然来了一小撮人,是为第四批。他们也具备德行,但并不关心声名,只是因为"慷慨"(for bounty),他们是大公无私的那一小部分人,为了做好事而做好事,并非为了求回报。声誉女神见此,十分满意,让他们继续隐匿于世。

再接下来,又是一拨不求声名的人们,[28]他们做好事是因为爱上帝与默观。哪怕这些人在上辈子或下辈子才追逐着声名,声誉女神执意让他们在这辈子也要扬名。后来来的两拨人虽然不配,但也想出名,声誉女神满足了其中一队人,驳回了另一队人的请求。最后,女神拒绝了给一般的罪犯声誉,但将声誉给予一些心理变态的人,他们做坏事是为了得到注意。这是一次对人的类别的鉴定,令读者震惊(那些大公无私的人最不可思议),也体现了现世中机会的无常。我们读来,不管是中世纪还是什么世纪,就都无关了,因为我们进入了一个基本人性的永恒范畴。

让我再举一个英语文学之外的例子。《农事诗》(*Georgics*)卷二末尾有一段赞美乡下生活,维吉尔讲了有人可能会因为没有住在大城市而高兴。其中一个原因是他不会因为穷人没有果实收成而受恻隐之心的折磨。这可是个出乎意料的感慨,因为罗马人向来不习惯怜悯。我们的结论不会说,维吉尔体现出了自己是现代人文主义者,但会说他是杰出的人,是有着普世同情心(universal sympathies)的人,因为有同情心而超越其时代,[29]加入了其他时代中的类似者的队伍。如果把乔叟和维吉尔的这些段落或者任何一个一等作家的相似段落视作其时代的思潮，是不对的。这些段落传递出的意思，对研究生们来说是多么的讽刺！他们怀揣想做的论文主题，手拿索引卡，卖力地找米下锅，搜索可以支撑其论点的段落，不惜断章取义，为了服从官方要求完成论文，以便能成为大学教师以谋生。在官方要求面前，个人无能为力。

上文论述乔叟的文字，可以证明如果学者希望用作家的作品例证其时代的思潮，那么在全情投入之前，一定要看好这个作家是否真的具有代表性。进而言之，如果一个作家整体而言可以代表其时代，但他又有一个伟大而独特的灵魂，那学者需要断定其作品中的哪些部分超越了时代，不再具有时代代表性。看看浪漫主义时期：华兹华斯、雪莱和济慈是伟大的开拓者，因此并不具有时代代表性。读者众多的库柏（William Cowper）又太陈旧。时代早期的克拉布（George Crabbe）和晚期的司各特（Sir Walter Scott）、拜伦（Lord Byron）则是更好的选择。[30] 有两个小例子可以用来做支撑。"修道士"马修·刘易斯（Matthew Lewis）1808 年出版的《浪漫传说》（*Romantic Tales*）里，扉页上的诗句就引自克拉布。在 1825 年的《时代精神》（*Spirit of Age*）中，赫兹列（William Hazlitt）认为要是选时代的代表大家，司各特和拜伦能获得最高票。然而两位都是具有高度独创性的作家，不应该把他们每一句话认作是为时代的思潮和情感发声。回到中世纪，很可能高文（John Gower）比乔叟更能代表那个时代。说到这，我需要回到上文说的礼数问题。

礼数中增加了中世纪骑士理想理念中没有的新元素——体恤（consideration）。随着时间推移，体恤越来越重要，甚至威胁着制造它的严格体系。并不是说这个元素不存在于中世纪文学中,而是它在那时处于从属地位。诗人亨利逊(Robert Henryson)天生就富有同情心,在《克蕾丝德的遗言》(*Testament of Cresseid*)中,他对克蕾丝德的怜悯就是这同情心的精妙表达。但是,怜悯主要被限制在其时盛行的正统神学大语境之内,克蕾丝德也遵从正统神学对堕落和拯救的阐释。① [31] 她犯了两种重罪:淫欲和傲慢,因此受到重罚,惩罚也是为她自己好。克蕾丝德一度因为骄傲不肯认罪,但见了特洛伊罗斯的忠诚与慷慨后得到悔悟,最终承认所有罪责并以悔悟的罪人身份离世。

大体情况虽如此,但可以想见,中世纪作家中应该暗示过体恤的新倾向。例如,李德盖特(John Lydgate)扩充了拉丁语诗人科隆内(Guido delle Colonne)的作品,创作出《特洛伊书》(*Troy Book*),其中写吉多(Guido)对女性的挖苦讽刺中的原创部分就含有体恤元素。在都铎早期,体恤终于获得足够的重要性,可以讲骑士传统转变为礼数体系,这个体系的主要推进者是伊拉斯谟和莫尔。钱伯斯曾坚决反对将《乌托邦》看成纯粹的文艺复兴作品,与中世纪之间存在断裂。其实,《乌托邦》中的很多理念来源于与它接近的之前的时代,但这并不妨碍该书的新颖性。不管莫尔本人如何倾向于禁欲主义,书中还是展现出了新的同情能力,凭借想象力换位思考。《理查三世》(*History of Richard III*)中,在对爱德华四世那不幸的情妇肖尔(Jane Shore)的处理上,莫尔也体现出了这样的同情能力。

---

① 见其《五首诗,1470—1870》(*Five Poems*:1470 – 1870)的分析。

乔叟笔下的骑士和扈从是含蓄的例子,还有更有名的案例,那就是格雷维尔描述的锡德尼之死。①[32] 锡德尼也是斯宾塞《仙后》卷六中懂礼数的原型。格雷维尔用相当的篇幅描述,除让这部作品扬名的锡德尼之死的片段之外,还有很多内容。此处将引用这个名段和另一段文字。聚特芬(Zutphen)之战中,英军在城墙外意外地遇到了西班牙敌军的防守。格雷维尔写道:

> 在这守军里,沟壕里伸出一只手来,扳动火枪扳机,射中了锡德尼的大腿,打碎了骨头。他骑的马与其说是勇敢骄傲,倒不如说是狂躁易怒,迫使锡德尼从战场上退下。但锡德尼在退下时,仍挺直腰杆。这匹马是最高贵、最合适的抬棺者,它载着军官奔赴他的黄泉。这悲恸的返程中经过其余的英军,统领是锡德尼的舅舅,也在其中。因为大量流血,锡德尼口干舌燥,要了水喝。水马上拿过来,但正当他举起凑到嘴边要喝的时候,看到一个路过的士兵,也刚和大家一起吃过饭,但直勾勾地看着瓶子。锡德尼见此,没有喝水,而是把水给了这个可怜的士兵,嘴上说着:"他比我更需要这个。"给了士兵水之后,他马上被抬回了安海姆(Arnheim)驻地。

每个时代都有品德高尚的人做出类似的令人敬佩的举动,但对它们的解释都不大一样。中世纪会将这种举动解释成圣人行为,如圣经里的那样,让出一杯甘洌的水,[33] 并不太考

---

① [译注] 应指《菲利普·锡德尼传》(*Life of the Renowned Sir Philip Sidney*, 1652)。

虑士兵需要水的程度。这个举动的背后其实还是一套抽象的理想行为准则。但在锡德尼这个例子里，还有着体恤的位置——锡德尼站在别人的立场想问题，考虑到士兵口渴而让出水。当他接受治疗时，也让医生不要照顾他的痛感，不要因他的疼痛影响到治疗，其中部分原因是考虑到医生们的工作和声望。引自格雷维尔：

> 医生们开始为他疗伤，他告诉医生，其中一半是命令，一半是建议。他说，既然自己的力气还没亏损、身体还没发烧、神志还清醒，医生们大可放手去治疗，哪怕是刮骨剖肉。除了希望治好伤，锡德尼还想着既然怎么都得疼，不妨从中获得更大收益，让医生们看到他们治疗的是一个通情达理的、由一种更强大的精神支撑着的人，知道不服从治疗就得受罪。但倘若医生们懈怠，放任伤势发展，这种无知或过分心软都会是另一种形式的暴虐，也会是他们声名上的污点。

如此为他人考虑，看起来可能有些夸张。它确实与中世纪文学中的主流思潮明显不同。

[34] 我已经描述了英格兰 16 世纪（即英格兰文艺复兴时代）中三种不同于中世纪的思维方式，每一种都为检视人类精神（the human spirit）提供了更广阔的视角。至少在某些方面，旧有的认为文艺复兴的主要精神是人类挣脱束缚的观念也不是完全没有道理。在接下来的几章，我们要从三个文学体裁去追踪论述这个观点。

第二章 抒情诗

[35] 上文提到的佩特文章认为普罗旺斯诗歌（poetry of Provence）是"中世纪里的文艺复兴"的一部分。他用新生形容此种诗歌是对的，但是说这种早期的文艺复兴是孤立现象，它的爆发虽然预示了后来的文艺复兴，但它本身并不是新纪元的开始，这就有待商榷了，因为普罗旺斯抒情诗一路向北，直达浓郁哥特文化的那部分法国，帮助英格兰建立了抒情诗体系，那时，明确延续着共和国时期之前已有传统的查理二世（Charles II）时期的骑士赞歌正在英国日渐式微。正是早期文艺复兴的这种延续让我们能用抒情诗来例证，去回答英格兰的文艺复兴到底是事实还是虚构这个问题。

在英国13到17世纪伟大的抒情诗传统中，[36] 有着民歌和宫廷骑士元素的杂糅，这也是其一个主要魅力。但也不要想当然认为民歌元素沿袭前代、无有变化。正相反，进入抒情诗的民歌元素有着根本性的改变，改变幅度有如前文提到的原始史诗到传奇、圆拱到尖拱的巨大变化。民歌的节奏深入渗透到大部分抒情诗中，而与节奏相比，它的爱情主题则经历了质变。民歌传统中，女性主动求爱，而在从行吟诗人（Troubadour）那里引进的新的高雅抒情诗中，则变为男性主动。下面是一首英语民歌的歌词，其中虽然提到了枪支，但它的原型应该可以追溯到在枪出现之前的时候。

如果小伙子们都像山间野兔,
那漂亮的女孩们可要拿起枪来把猎打。
如果小伙子们都像灯芯草疯长,
那漂亮的女孩们可要拿起镰刀来把草割。
如果小伙子们都像水上鸭,
那漂亮的女孩们可要紧跟其后。①

[37] 所以,男追女的文雅传统在英国能够长期占据主导地位,直到俄国小说家和萧伯纳(George Bernard Shaw)《人与超人》(Man and Superman) 的出现,很值得人深思。然而,奥斯丁(Jane Austen) 倒是对谁先主动没什么特别的偏好。《诺桑觉寺》(Northanger Abbey) 的主人公莫兰(Catherine Morland) 是有教养的年轻女士,虽然表面上看不大出来,但实际上是她采取了主动。不论如何,文雅的传统很早就出现,且深入人心,以致后来出现的彼特拉克式充满爱慕之情的恋人和轻易变心的小姐,都不算新鲜,只是已有传统的深化和加工。我不会在彼特拉克中找英语抒情诗中真正的文艺复兴标志。

想从诗歌技艺上的进步中寻找文艺复兴的标志也是徒劳。断言英语中世纪抒情诗粗糙原始,说文艺复兴的抒情诗高雅专业,认为中世纪抒情诗音乐性比不得迟皮恩(Thomas Champion)或伊丽莎白时代歌集里艺术家们的作品,② 这些争辩毫无

---

① [译注] 歌名为《山间野兔》(Hares on the Mountain),是流传于英格兰南部的一首欢快的爱情歌曲。

② [译注] 迟皮恩(1567—1620),写过上百首歌曲,创作过歌舞剧,还著有音乐理论文章等,是伊丽莎白时期的重要文人之一。

意义。正相反，13 世纪英格兰幸存下来的俗世抒情诗足以证明那个时候的诗歌技艺已经到了一个顶峰。布朗（Carleton Brown）认为那时的抄录者都是僧侣，① 他们对抒情诗有偏见，否则幸存流传下来的会更多。很多最好的抒情诗都出自同一个册子，[38] 叫《哈雷 2253 号手稿》（*Harley* 2253）。它最初在利奥敏斯特（Leominster）被发现，有时也被称为《利奥敏斯特手稿》（*Leominster manuscript*）。其中一些广为人知，入选了《牛津英国诗歌》（*Oxford Book of English Verse*），是早期抒情诗的一部分。

这些诗歌的开头分别是："莫诗与艾薇儿"（Betwene Mersh and Averil），"春带着爱之歌来了"（Lenten is come with love to toune），"当夜莺歌唱"（When the nyhtegale singes），"玫瑰与百合在凋落"（Nou shrinketh rose and lylie flour）。这些抒情诗毫不逊色，一点儿也不业余。它们的行文柔顺，具有音乐性。加之其本身典雅，展现了英语抒情诗运动引以为傲的民歌与宫廷诗的结合。虽然发展后的英格兰文艺复兴抒情诗的主题可能主要是彼特拉克式的，但它的音乐性承自本土，因为其中强调的民歌元素可以回溯至中世纪传统。例子有华埃特的"勿忘我屡经考验的意志"（Forget not yet the tried intent），莎士比亚的"不用再怕骄阳晒蒸"（《辛白林》，第四幕第二场），迟皮恩的"跟着那神圣的人，唱着甜蜜的歌"（Follow

---

① [译注] 布朗，中世纪英语文学学者，编辑出版多卷本中古英语抒情诗集，包括《15 世纪英语宗教抒情诗》（*Religious Lyrics of the Fifteenth Century*, 1924）和《13 世纪英语抒情诗》（*English Lyrics of the Thirteenth Century*, 1932）。

your saint, follow with accents sweet）。下面我们来引证解释其诗艺的完备性。首先选了《冬日唤醒》(Winter wakeneth)：

> 冬日唤起了我的感伤，
> 叶子凋落，
> 我常常悲叹和哀伤，
> 想起
> 这世间的欢乐，如何不复存在。

> Winter wakeneth all my care,
> Now these leaves waxeth bare;
> Oft I sike and mourne sare
> When it cometh in my thought
> Of this world's joy, how it go'th all to nought. ①

[39] 从诗艺上讲，声音和意义有着完美的交融，最后一句打破了原节奏，包含八个单音节词，十分精妙，诗人并不需要再完善技艺。如果要论音乐节拍感，以及作者如何巧妙运用节奏的改变来配合乐曲，那可以看艾莉森（Alison）一诗的最后一节。在此引用第二节和最后一节，以下是我的翻译：

> 她的头发有着美丽的颜色，她的眉毛浓、眼睛黑，带着愉悦的表情朝着我笑。她的腰枝瘦弱优美。假若她不答应做我的爱人，那我就快要放弃生命，注定如死去一般。

---

① ［译注］下文涉及很多英语形式上的阐释，因此此处保留原英文，以便读者比照。

（副歌）：我命尚佳，我猜它是来自天堂的礼物。我的爱从其他女人身上离开，唯照耀在艾莉森身上。

追求她的时候，我不能睡觉，倦得如堤坝里的水。我担心着，怕别人抢走了我的爱人。忍受一时的苦痛远比永远后悔要好得多。衣着光鲜的你呀，且听我来唱这歌。（副歌如前）①

［40］"忍受一时的苦痛远比永远后悔要好得多"，语气忧郁，之后则突然转折，衔接欢乐、节奏感明确的"衣着光鲜的你呀"一句。这也是三个世纪后伊丽莎白时代歌曲作者的典型做法。

或者再看一首神秘的小诗，讲的是少女在旷野住了七夜，食报春花和紫罗兰，饮泉里的冷水，以红玫瑰和百合为床。这首诗和其他十一首诗或片段（其中两首为法语）一起，写在手稿的一页纸上，手稿现存于牛津的博德利图书馆（Bodleian Library）。霍伊泽尔（W. Heusser）的十三卷本《英格兰》（*Anglia*）首次出版这首诗，［41］赛瑟姆（Kenneth Sisam）在14世纪诗歌散文选读本中也收录了《旷野中的少女》（*Maid of Moor*），使这首诗广为人知。有良好诗歌韵律修养的西特韦尔女士（Miss Sitwell）在她的《诗人手记》（*Poet's Notebook*）中也评价了该诗。这首抒情诗其实没有特别的实质深意，但是从诗艺角度——纯创作技巧上看，堪称完美。下文是赛瑟姆做了小部分可靠的修复后的版本：

---

① ［译注］艾莉森诗用中古英语写成。原文里，作者在翻译之后，给出了原版。此处只翻译了作者翻译的现代英语版本。

旷野中的少女，
住在旷野中，
整整七个夜晚，整整七个夜晚。
旷野中的少女，
住在旷野中，
整整七个日夜，还有一个白天。

她吃得好，
吃什么？
报春花——
报春花——
她吃得好，
吃什么？
报春花和紫罗兰。

她喝得好，
喝什么？
泉眼涌出的清凉水。

她住得好，
住在哪？
红玫瑰和百合花上。

[42] 若是允许我在这稍微离题一点的话，我要说我很好奇这个旷野中的少女到底是谁。她是否有原型，或者这首诗完全出于想象，像穆罕默德的棺材悬在天与地中间

一样，无从解释。① 为此，我请教了两位中世纪专家，但没有找到答案。两个版本的编辑也没有提供注释。唯一对我有帮助的是《农夫皮尔斯》（B 版本）的第 15 节，② 里面讲了几个禁欲圣徒的故事：安东尼（Anthony）、伊吉狄斯（Egidius）、隐士保罗（Paul the Hermit）和圣彼得（St. Peter）。紧接着是这样的诗句："抹大拉的马利亚（Mary Magdalene）靠嚼根吮露，／但其主食为思念万能的上帝。"③

如果抹大拉的马利亚曾"靠嚼根吮露"，诗中旷野里的少女会不会也是个有相同生活习惯的圣徒？也许这不可能，因为这张手稿上的其他作品都是俗世诗歌，可是一个诗人应该既唱俗世歌，又可以唱圣歌。

布朗认为，抒情诗在 13 世纪是用来唱的，这种情况比 14 世纪频繁得多：相较于诗的音乐层面，14 世纪是诗的文字层面的世纪。两种抒情诗的区别不好解释，但容易直观地感受出来。如果比较艾莉森这支歌和约翰逊（Dr. Johnson）的"渴望已久的二十一岁"（Long expected one‐and‐twenty），[43] 或者赫曼斯（Felicia Hemans）的"男孩站在燃烧着的甲板上"（The boy stood on the burning deck），差别就很明显了。这里应该讲讲判断一首抒情诗应该成为歌曲的两种方式。第一种，诗

---

① ［译注］欧洲自中世纪起有传说记录穆罕默德的棺材悬浮于空中，无外力支撑。

② ［译注］《农夫皮尔斯》的 A 版本最先写成，大致时间在 1367—1370 年间，写到第 11 卷，第 12 卷由后人增写。B 版本成于 1377—1379 年间，增补了 A 版本，C 版本成于 1380 年，较大幅度地修改了 B 版本。

③ ［译注］兰格伦，《农夫皮尔斯》，沈弘译，北京：中国对外翻译出版公司，1999，页 219。

里的语言本身就富有音乐性，必需配乐。比如：

> 亚当沉睡，
> 沉睡啊沉睡
> (Adam lay i – bounden
> Bounden in a bond)

以及：

> 跟着那神圣的人，唱着甜蜜的歌

诗可成为歌的第二种表现形式比较婉约，音乐性不是呼之欲出，但正是它的这个弱点和不完整性赢得了音乐的补充和支撑，因为音乐知道存在崩溃的可能，进而去弥补。一些最美的诗行就是如此，例如：

> 我看到一个美娇娘，
> 坐着唱着，
> 她为一个孩子而唱，
> 一个乖巧的主。
>
> 这主是创世之主，
> 是主中之主，
> 王中之王。

里面几乎没有什么实质性的内容，但当音乐弥补了这个缺憾时，它则呈现一种精巧的完整感。

［44］当然"亚当沉睡"和"我看到一个美娇娘"都出自

15世纪,表明在14世纪并不突出的音乐性抒情诗在后来的颂歌中又流行了起来。传统没有中断。15世纪还有一部分抒情诗体现了另一种特征,即来自宗教剧的影响。我会引用一些诗节来例证,部分原因是这些诗节虽富于戏剧性,但非常有别于华埃特(我的下一个话题),华埃特笔下的是另一种不属于中世纪的戏剧性。这些诗行取自基督在十字架上的戏剧独白,很有可能作者是斯克尔顿(John Skelton)。

> 被悲惨地展示着,
> 人啊,我的血,
> 因你而流:
> 这无可辩驳;
> 我身青肿虚弱,
> 被悲惨地展示着。
>
> 看呐!我请求你,用你所有的理性,
> 不要对你所见的此事硬起心肠,
> 为了你的灵魂,我才在这时节遭屠,
> 受那犹大的欺骗与背叛;
>
> 我忍受残酷的待遇,
> 被捆绑我的绳索尖锐地刺痛,
> 犹太人们胁迫着我;
> 他们羞辱我、冷笑地嘲弄我,
> 迫害我死,这你们也该看到;
> 我被悲惨地展示着

[45] 所以我一丝不挂，被钉在这儿，啊！人，这全然因为你！
我爱你，因此你要爱我；你为何沉睡？快醒来！
你要知道，我柔软的心因你而破碎；
我的血管被捆绑挤压，在剧痛中破裂；

所以我被撕扯，
所以我被疼痛包裹，
从没有人像这样
被已知的最残酷的方式折磨；
如那祭祀的羔羊，
被悲惨地展示着。

这首诗极具力量，细节丰富，与一般颂歌的精致形成鲜明对比。它描述了身体所受暴力的细节，层层叠加，仿佛是其同代的条顿绘画中的基督受难图。要让此类抒情诗和华埃特的对比更清晰的话，可以想想尼德兰画派宗教画中条顿系和意大利系的差别，特别是15世纪末、16世纪初佛兰德斯（Flanders）地区的宗教画作。

16世纪里，俗世抒情诗占统领地位。音乐和歌曲是朝臣中流行的技艺。我还要再引一首这个世纪早期的诗，用来说明这类诗与华埃特的第二个不同之处。

在河边，我躺下，
静静地沉思，啊呀！
鸟鸣声，
让我心生欢喜，

[46] 它啼于天明之时，
我猜想着她唱的歌，
她说着，冬天已经过去，啊呀！
当里个当，当里个当！
当里个当，当里个当！

音乐天才，
那生机勃勃的夜莺，啊呀！
她在林深处歌唱，
歌声充盈着欢乐，
唱得隐秘
胸前是荆棘，
让她不得睡去，啊呀！

年轻人们，醒醒，
成为恋人吧，啊呀！
这五月的天，
多么清新，多么欢快，
那沃饶的原野和沼泽，
又开始丰腴起来，
让人欢喜的景象，啊呀！

  这是首可爱的歌，配得上利奥敏斯特手稿的传统，然而，尽管它出现较晚，却没有在中世纪的基础上有所变化。这其中没有具体的个性的表达，没有所谓的"此时此地"（here‐and‐now）。说话人可以是任何一个，说的可以是随便哪只夜莺，哪个五月的清晨。为了说明一种新的人性视角，它不同于《悲惨地展示》中的残暴的条顿戏剧场景，[47] 也不像上面这首可爱的《在河边，我躺下》中抒情式地表述抽象经验，我将引用华埃特的一首著名抒情诗。

> 你会这样离我而去吗？
> 说不，说不，出于愧疚的缘故，
> 要让你自己免于因为
> 我的悲伤和哀怨受责备
> 你会不会离我而去？
> 说不，说不！
>
> 你会这样离我而去吗？
> 一个长久以来爱着你的人，
> 不离不弃？
> 难道你的心坚硬如铁，
> 弃我而去？
> 说不，说不！
>
> 你会这样离我而去吗？
> 一个将心托付给你的人，
> 坚定不移，
> 无论苦乐。
> 你会这样离我而去？
> 说不，说不！

> 你会这样离我而去吗?
> 不再关爱
> 爱着你的他?
> 啊!你这狠心人!
> 你会这样离我而去?
> 说不,说不!

这首诗体量虽小,但含义深远。

它简洁、文雅、深奥,[48]明显不同于《悲惨地展示》那种凝固的力量。它充满了戏剧感,描述一个真实的爱人乞求他的情人(也是一个真实的女人)不要弃他而去,制造一种戏剧化的幻想,因此也区别于《在河边,我躺下》中的抽象描述。它的确反映了一些人文价值观的变化。接下来,本章就将评述华埃特和其他都铎时期诗人的这种变化。

在具体讨论这种与前时代不同的抒情诗人之前我需要说说大致观点。华埃特之前有的不是抒情诗人,而是抒情诗歌。自华埃特之后,正相反。我们无从知晓那些最好的中世纪抒情诗的作者,更鲜闻其生平故事。而亨利八世时期,我们不仅知道写出好诗的大部分诗人名号,也知道他们生涯的来龙去脉。我会在下文讲文学批评时论证:中世纪把文学视作娱乐,而15世纪晚期则认为文学更严肃、有寓意。中世纪的歌曲轻松、不被看重,没有署名也没什么,但文艺复兴时期的诗歌则更注重道义伦理,标注作者身份更合理。

还有就是,下文要提到的诗人们,我们很难将他们的诗与其个性和职业生涯分离。部分原因是我们从别处知道了诗人们的很多故事,[49]也有部分原因是其作品不可避免地出现作者人生的影子。我们无法不想起华埃特极具感染力的人格,他的醒目又值得玩味的人生经历。我们可以感知他承于祖辈的对都铎王朝的忠诚,知道他婚姻不幸福;他去过意大利,可能在那里接触过什么文人;他当外交官时才能出色、勤勤恳恳;被辞退回到肯特郡,可以过上文雅乡绅的生活,他得到了解脱;被诬告入狱的时候,他肯定郁闷。我们读华埃特的诗,不可能不想到这些。更不消说,霍尔拜因(Holbein)所作的他的画像让其形象呼之欲出。这位画家所作的诸多男女肖像画让亨利八世时期的宫廷生活栩栩如生,尽收眼前。

同样还有萨里伯爵(Earl of Surrey)。大家都知道他是什么样的人,过着什么样的生活:比华埃特的阶级要高,所以也更投身于权谋和野心;因母属皇族而贵,骄傲甚至傲慢,守着渐渐古旧的中世纪骑士传统;他也很看重与亨利八世私生子里士满公爵(Duke of Richmond)的关系,并因此感到自豪,两人曾是学伴,一起接受了和他们在温莎以及后来在法国宫廷的职位相称的骑士教育。[50]萨里伯爵在加莱(Calais)还是一支军队的指挥官,有勇有谋;最后,他还是个受害者,因被敌方陷害而受英王无端怀疑。在伊丽莎白时代,很难忘却耶稣会士索斯维尔(Southwell)的悲剧,① 同理,读锡德尼也不能不联想其生平故事。不管好坏,抒情诗的确发生了转向。然而,我并没忘记伊丽莎白时代还有很多没署名的诗歌,但它们不是惯例,而且其中能与署名诗歌比肩的也少之又少。

---

① [译注]索斯维尔(Robert Southwell, 1561–1595),诗人,因被怀疑与罗马教廷有关系,被定为叛国罪,处以绞刑。

说了这么多，让我们回到对单个作家的讨论，首先是华埃特。我要有意引用一首他的诗，既展示独特性，又展示其传统性，这种结合也是他作品的主要魅力所在。华埃特的诗有精美的歌元素，他能用多种抒情诗韵律形式创作，可谓利奥敏斯特诗歌和 15 世纪颂歌的继承人。同时，他也是戏剧化的抒情诗人，关心其时代的人类境况，把新的文艺复兴精神带入英国诗歌。从华埃特诗歌说起的另一个原因是，通过这些诗歌，我们可以看到，他并不像大家说的那样，虽然有才华，毕竟还是个笨拙的实验者。

[51] 一个新近的例子是，1947 年，杨（G. M. Young）先生对着一群英国国家学术院（British Academy）的院士观众说："华埃特和其他同时期诗人的愚拙格律表明旧有的音乐性已经丢失，而新的音乐性还没有被找到。"杨先生应该不止这个水平，我也希望列席观众听闻此言也会震惊。或许杨先生的评论可以用在华埃特的一小部分十四行诗上，但用在其抒情诗中，却恰与实际相反。抒情诗的传统并没有中断，旧有的音乐性也从未丢失。华埃特的抒情诗正可贵地体现出，美好的韵律传统得到保持的同时又在改变，以适应新的伦理、社会趣味。让我们再看一首诗，它的题材轻松愉快，但技艺臻于完美，还有新的戏剧化特征。这虽是一首情人的独白，但也可看出具体戏剧情境。说话人那轻浮的情人冷落了他，抛弃了他，在独白中，他运用了一种"我问你"，或"你会怎么做？"的语气。

> 我中心服侍
> 赢了奖赏，

用真心,
换毁灭。

我所有的
痛苦
换来
轻蔑。

[52] 我全部的
心痛,
啊! 没人听到
我需离开!

所以,你们
日后如
像我一样,
若为爱的俘虏,

学学我,
看我赢来的奖赏,
为了她,
自动被抛弃!

"赢来奖赏"(This I have won)、"为了她"(Thus for her sake),强调一种戏剧感,而从技巧上讲,"轻蔑"(disdainfulness)独占一行,有一种光吃饼干噎了的感觉,不是恋人渴望的一杯甘洌的水。更进一步，说话人一半是在演戏，他故意展示出比自己真实感受更强烈的愤怒情绪，为了更有效地让读者接受他的建议。幽默和文雅的对话语气是新的创造，不仅如此，它们为一个世纪后老道风趣的宫廷诗做了铺垫，比如这首：

> 热恋的人啊，你为何面色苍白
> 快说，为何面色苍白？
> [53] 难道是光鲜亮丽不能感动她，
> 病恹恹却可以？
> 快说，为何面色苍白？
>
> 年轻的罪人，为何如此阴郁沉默，
> 快说，为何如此沉默？
> 难道是能言善辩不能感动她，
> 沉默不语却可以？
> 快说，为何如此沉默？
>
> 好了，好了，快停下来。这可不行，
> 这不能得到她。
> 她如果连自己都不爱，
> 没什么能让她来爱：
> 让她见鬼去吧！

后期文艺复兴人文主义的特征之一，就是将思辨的对象转到人的头脑上去。人们都说蒙田是深入凸显这特征的第一人，但华埃特制造戏剧紧张感的同时也可以是内省的。我将再用他一首不那么出名的诗来证明。开头"恶意不能让我悲伤"（spite hath no power to make me sad），它展示了一种思想的坚韧，这在锡德尼之前的生动抒情诗中少见，在其之后又鲜见。这首诗更正式，不像之前引用的那些诗一样像歌，可是情感仍在其中强烈涌动。华埃特想象自己被曾经的爱人拒绝，他用拒绝对抗拒绝，说如果自己的爱不能成功，［54］可能会怀恨在心，但曾经自己也得到过所想，和现在得到也没两样，这要早于勃朗宁所说的永恒瞬间（the eternal moment）。爱人因为变心也不复存在。因为对说话者的不公，她在诗中被抹去了姓名。

> 恶意不能让我悲伤，
> 嘲笑也不能让我失色。
> 我曾经拥有过，
> 此刻离开也不苦痛。
> 让他们鄙夷那些毫无经历的吧；
> 谁曾欢喜过，谁就该欣慰：
> 即便你想用言语来控制我，
> 但拥有过，就已足够。
>
> 你转过去的面庞，
> 不情愿的脸色。
> 你属于过我，已足够。
> 你的心已变。
> 多么恼人，
> 你曾交付于我，又逃离。

但你如此轻视承诺，
你属于过我，已足够。

你的爱渐渐退去，
胸中的厌恶慢慢生长，
你属于过我，已足够。
我放下，没有怨言。
旧朋友，再见，
自你变了，我不再属于你；
为了抚慰我的悲伤，
想到你属于过我，已足够。

[55] 听到这歌的人啊，
切莫评说，不要指责：
她的确伤害了我，
她自己也知晓，
但变心没什么好痛心的，
女人自古都如此。
但她在我这里不会有名字，
她的确伤害了我。

  很多华埃特的诗都取材于意大利或法国的原本，但我还没有找到这首诗的来源。它确实来自独立的心理体验。

  读者可能会感到惊奇，我说明华埃特诗中的新元素时联系的是中世纪抒情诗，而不是意大利人文主义新学（new learning），而大部分历史学家都认为华埃特的创新在于引进了彼特拉克十四行诗。他在意大利待过,接触了新学的主要源头,也着实翻译了彼特拉克的一些备受喜爱与模仿的十四行诗,确是受到当时意大利文学中闪亮的批判精神的感召,然而,这种精神更成功地被运用在他具有中世纪特征的抒情诗里,而不是意大利式的十四行诗中。这些十四行诗笨拙、枯燥,像是为完成任务而写。而英格兰本土抒情传统提供了自由,在这种自由中华埃特才能发扬在意大利的所学。[56] 再说,彼特拉克式的主题也没什么新鲜的:恋人无外乎既热情又冷漠;他爱得死去活来,情人的一点打击就等同于求死不得的折磨;他像一只飞蛾,扑向情人眼里灼热的光。这些东西在有悠久传统的行吟诗人传统里早都有了,只不过是它的变种罢了。彼特拉克的创新是风格上的,而那种风格是华埃特学不来的。

我把华埃特放在萨里前面,不仅因为他比萨里年长,也因为他是个更伟大的创新者。华埃特用的抒情诗形式接近中世纪,而其中的戏剧化和自省,又给后来的多恩铺路,他的影响超越了其时代。萨里的原创性就少了些,他是属于那个时代的,让我想起当时仍在流行的建筑——晚期哥特式、垂直式风格(Perpendicular),只有一点点文艺复兴的改良。垂直式风格注重平衡和重复,部分是出于经济考虑——重复降低成本,也可能是出于对古典特征、平衡与和谐的渴望。萨里的改良就属于这类。他的诗歌中没有新的人文主义,但体现出了以礼为特征的新的文明。他的十四行诗比华埃特的规矩、方正。[57] 在阐释古罗马诗人马提亚尔(Martial)沉静的、廊下派式的墓志铭《自己》(Ad Seipsum)时,萨里很自然地写道:"马提亚尔,为得到幸福生活/ 要做的事,我明白。"

萨里有一首传统的爱情诗,最能体现与垂直式建筑风格的接近,也是他最好的作品。他在诗中将自己求爱中的挫折比作古希腊人从特洛伊人手里夺回海伦的波折。题材具有中世纪特征。诗中的特洛伊不是荷马的,而是李德盖特的特洛伊。战争就是"为了赢取美人",我们想象她存在于金箔点缀的手稿中。发动战争的不是军事首领或者酋长,而是骑士们。虽然诗中有很多彼特拉克式的元素显示着文艺复兴的加持,但该诗的主要成就还是在于美妙的平衡与排布。两种波折的对比得到完美书写,诗最后顺其自然地以一种"证明终了"(Q. E. D.)的状态结尾。

古希腊人在赢回海伦之前经历了许多困难:逆风、祭出伊菲格涅娅(Iphigenia,阿伽门农的女儿)、战争的拖长。诗中的爱人在赢回情人之前也经历了相似的波折。他陷入绝望,但想起了同样为获得美人的、更困难的特洛伊战争。这特洛伊战争中的海伦可还没有自己的情人那么美。[58] 所以自己与古希腊人相比,没什么可抱怨的。既然古希腊人都坚持下来了,他也应坚定不移。诗的结尾,他决心继续期盼。整首诗只有两个句子:一个是包含了四个诗节的长句,另一个由第五、六诗节构成。

> 热烈的爱和极度的痛,
> 残酷地撕扯着我的心,
> 泪如倾盆雨水,
> 见证我的伤悲,
> 叹息耗费着我的呼吸,
> 我躺在死亡的边缘
>
> 想起古希腊带入特洛伊的

那伟大的海军,
呼啸的狂风
扯下他们的风帆,阻挡船前行,
直到阿伽门农女儿的血
让诸神满意,他们才得以保全;

这十年战事,
流血不计,
多少显贵,
在此赴黄泉,多短命,
多少骑士前仆后继,
在希腊人夺回海伦之前;

于是我想:如此长久的战事
众多勇士参与,补偿
就是赢回美人,
[59] 那我难道不应该学会忍耐,
因为我追求的她比海伦更美,
付出也值得。

所以我永不后悔,
虽痛苦,却还满足地忍耐着;
像难耐的冬天过去,
就会有晴朗的春,
所以剧烈的悲伤过后,
我会最终迎来欢乐。

诗中没有戏剧化，不具备"此时此地"，但它说是合乎情理又文雅的、会获得奥古斯都大帝时期诗人的赞赏的事。

这才是萨里真正擅长的。说他缺少戏剧化，但是有一处例外，同时他也在某一个方面做出了卓越的创新，不提这两点的话对他不公平。

萨里最好的诗是以"快乐的女士们"（O happy dames）开头的那首，很多编者也都这样认为。该诗是一个丈夫不在身边的妻子的独白，她将自己的处境与身边有丈夫、更幸福的女人们对比。其中包含一个具有高度戏剧紧张感的画面：焦灼的妻子站在窗边观望天气。

其他恋人们挽着手臂，
欢喜着他们的欢喜，
我忍受着黑夜，
淹没在泪水中，哀叹着所失。
[60] 透过窗子，我看见
风来，云在闪躲，
爱如何让我好似水手！

狂风掀起汹涌的咸海水
绿色的海浪，
我躁动不安的脑海
也涌起万千遐想。
啊！淹没我可爱可恨的爱人，
我用心宠爱着他，
他却离我远去；啊，何故？

> 愤怒的海又平静了，
> 带走我的恼怒，
> 怀疑又渴望，让我苦闷；
> 忧愁切断了欢乐。
> 安宁被悲伤搅扰，
> 想来想去，愈发疑虑：
> 他来了，他会来吗？啊，不，不！

萨里的创新与自然有关。大体来说，18世纪以前，英诗诗人们不大会不带感情地将自然看作客体。他们通常认为自然有象征性，用它来阐释某种道德说教，或至少用自然来为什么事情做注脚。亨利逊在《克蕾丝德的遗言》的开篇就说，阴郁的季节要配合沉闷的歌谣，然后描述了这个霜冷的夜晚，当晚，他读到了克蕾丝德受惩罚的不幸故事。[61] 后来我们知道那天下霜，不仅是因为霜不讨人喜欢、与这个悲剧相符，还因为土星就是个冰冻的星球，也让克蕾丝德染上麻风病。亨利逊虽然准确地描述了凉夜，但其实描述饱含感情。这种中世纪习惯延续到萨里身后。比如萨克维尔《行政官宝鉴》中的《白金汉的悲剧》（*Introduction to his Tragedy of Buckingham*），里面运用自然来说教非常明显：

> 我心生哀伤，眼见夏日的花，
> 生机勃勃的灌木与草地黯然失色，
> 坚固的树木在暴雨中飘摇。
> 曾繁茂的大地如此萧条，
> 这教会我，世间的万物，
> 都将死亡，没有什么会长久存在，

夏日之美终将屈服于冬之残酷。

抬头仰望上苍的光,
夜星密布,
这天曾闪着金色的光,
光被欢乐的菲比斯从他的地界传送,
看这黑夜压制白天,
如此景象,让我不得不想起,
世间万物的种种变动。

但在萨里诗中,自然以一种全然不同的方式呈现。下面是一个绝佳例子,出自他翻译的一首彼特拉克十四行诗的开头:

[62] 啊!现在,万物静了下来,
天与地间毫无惊扰,
走兽静、气氛寂;鸟儿停了歌唱,
星乘着夜车闪现,
安宁的海,波澜渐渐平息。

这段描述确实依附于整首十四行诗,该诗探索了自然的平和与爱人心的纷乱之间的对比。彼特拉克原诗中这段完全处于依附地位,但萨里的改编产生了奇异的效果。首先,他把彼特拉克写自然的诗句增加了一行;其二,彼特拉克原诗中简单陈述海在海床上,没有波澜,萨里将它改成"安宁的海,波澜渐渐平息"(calm is the sea, the waves work less and less)。这奇妙的最后一句是纯粹的、不带感情、自然而然的观察。"波澜渐渐平息",没有什么表述比这句更能体现海翻涌、倦息后逐渐安静下来的过程。这是自由的改写，因为它并不与诗中所说的爱人心中翻涌起猛烈的激情相对应，甚至与之相反。

如果想看华埃特和萨里的特质以及他们在推动英格兰文艺复兴中的作用，可以想想这个当代类比：华埃特的抒情诗虽然写的都是脆弱的小事，但却也可与莫尔相似；［63］而萨里则和写《统治者之书》的埃利奥特很像。莫尔既传承了中世纪传统，又非常具有预见性，预示了很久以后大规模出现的人文情感。莫尔在《乌托邦》引言和《理查三世》中也有非常强烈的戏剧化，关注"此时此地"。埃利奥特属于他的时代，文雅但是静止，重叙述和说教，但不是戏剧化的。他虽然受新学的影响，然而其实比莫尔更保守。

接下来的时代，是杰出的翻译家们和《行政官宝鉴》的时代，而华埃特的抒情诗传统衰落，直到后来在伟大的伊丽莎白时代中，它复而又被重新捡起。在这个接下来的时代中，大量的抒情诗并不具有非常明显的人文或戏剧化特征，它结合的是伟大的民歌传统、彼特拉克的主题，以及田园牧歌。下面这首抒情诗杰作，它的美妙不在我之前总结的文艺复兴运动的范围内，或者即便有，也是线索甚微，不够被详细阐释。

> 啊！爱！他们有多委屈你！
> 说你的甜美是苦涩
> 当你结出了坚实的果，
> 没什么比它更甜。
> 你是欢乐和幸福的所在，
> 最真实的愉悦。
> 我真的爱你：

[64] 我知道你是什么,
我真心实意地对你,
为你倾倒。

歌集整体上并没有传承华埃特诗中包含的思辨与戏剧化特征,倒是几个宫廷诗人延续了华埃特的传统:雷利、戴耳(Edward Dyer)、格雷维尔,更有锡德尼。

还有一些离经叛道的诗人,他们的生活环境与彼特拉克的无忧模式以及田园牧歌相去甚远,更接近华埃特诗歌中严肃和现实的成分。这些诗人没有接受欧洲大陆的影响,不赶时髦,而是延续早前的抒情诗传统,这也再自然不过。索斯维尔属于王公贵族,是耶稣会士的神职人员,受命在本国服务。他有一首精致的诗,写的是看到头骨引发的思索,从属于华埃特传统,存在现实主义和巧妙的变化重复。

我面前悬挂着这图画
每日都让我想起
死去名字和坚实的痛苦
我也将会如此:
然而,啊,对终将死去,
我想得太少。

我床头总是挂着
点缀棺材的顶篷,告诉我
[65] 或将在晨明之前死去,
即便我现在感觉完好:
然而,啊,对终将死去,

我想得太少。

常穿的袍子，
切肉的刀子，
那把老旧的椅子，
我通常的座位，
都在告诉我终将死去，
日子照常，我却不。

一种对当前生活的描摹，字里行间的"此时此地"，正可敬地延续着华埃特的传统。

最后让我们说说宫廷诗人中最杰出的一个——锡德尼。

锡德尼和华埃特一样，是出众的实验者，熟悉意大利文化。他可以是学术的、非现实的和正式的，也会像《阿卡狄亚》中的那样，极富幻想，甚至是荒诞。但同时，《阿卡狄亚》也有真实的当代政治隐喻，其中一些传统的情感被悲苦的戏剧成分取代，例如帕梅拉和菲洛克利娅（Philoclea）下狱受苦那一段，这些也让我们读到，锡德尼也贴近现实生活、有戏剧张力。

作为本章的结尾，我将引用分析锡德尼的一首既像歌又有戏剧张力的抒情诗，它结合了中世纪传统和新的元素，例证了我在这几章中不断论述的观点。[66] 这首诗就是《爱星者与星》中的第十一首诗，开头一句是"是谁趁着这夜色茫茫"（Who is it that this dark night）。这是一首爱人（或阿斯托菲）站在情人（或斯黛拉）窗下唱的小夜曲。但它也是两个情人间的正式对话，每节的前两行出自女方，后三行出自男方。这种形式的争执或辩论非常具有中世纪的特点，但我还认为五行诗组成小节是新颖的、十分有效的创造。韵脚是 ababa,①最后一行押第一行和第三行的韵（a），并不以第三次押 b 韵脚结尾，就像是忧郁的回声。双行押双韵（单行押单韵），声音效果更丰满，而所缺的第三次押 b 韵脚，就显得更为突出。戏剧张力显著。扬抑格的节奏制造紧张、兴奋感，用词体现对话是小声进行的咬耳朵。

> "是谁趁着这夜色茫茫
> 在我的窗下把悲歌吟唱？"
> 唉，是我，一个从你眼前
> 被放逐去远方的囚徒，
> 他对别的窗扉都不屑一顾。
>
> "哦，天哪，那是你吗？
> 你那些幻象还没有变化？"
> 亲爱的，尽管你把我疏远，
> 但当你发现我有变化之时，
> 那就是我一命呜呼之日。
>
> [67]"喔，分离会使你把这遗忘，
> 去吧，去吧，去惊诧，去想象。"
> 天各一方肯定会管用，
> 只要有朝一日我能学会

---

① ［译注］押韵押在每行末尾一词的元音上。将英语诗歌中的韵律在中译本中呈现，殊为困难。

让我和我的心两下分块。

"但岁月会抹掉这份心思
时光能为人所不知。"
时移情殊也因人而异,
因为在忠贞的恋人心上
爱情会随着时间生长。

"若你又遇别的粉黛红颜,
她们不会激起你心的爱恋?"
我会把她们看作临摹画像,
摹本就是你完美的倩影,
虽惟妙惟肖,但终是赝品。

"可你最纯粹的理性之光
不许你沉湎于这种幻想。"
亲爱的,别这样诋毁理性,
因为在我理性的眼里
你的美才显得最美丽。

"可是爱所包容的邪恶
终将使爱情背弃其承诺。"
不,爱的根基是这般坚固,
白痴们越是将其动摇,
爱情的根基就扎得越牢。

"嘘,我觉得有人在偷听,
你别再来了,免得我烦心。"
乐园,我得离开我的乐园,
以免亲爱的你承担风险,
但我的心将把这儿作为港湾。

[68]"好啦,听我说,你快走吧,
以免阿耳戈斯把你看见。"
啊,不公正的命运的支配
能够使我这样离你而去,
也能使我逃离那群白痴。①

---

① [译注]锡德尼,《爱星者与星》,曹明伦译,保定:河北大学出版社,2008,页285-289。

第三章 批 评

[69] 我使用的"批评"一词,取其特定含义。具体来讲,不涉及应用批评,即文本批评。我们讲的这个时期很少有文本批评,即便有,也很少有好的。我也不涉及语言问题,比如探讨应该用拉丁语还是作家的本族语;我也不讨论修辞理论。我关心的是普通有思想的人(thoughtful man)如何维护文学:一旦市侩之人或清教徒问他文学有什么好,他怎么回答。要强调"有思想的人",是因为即便在13世纪的宗教时代或16世纪的道德时代,也有很多俗人想写或者听诗歌,这些诗歌或纯属娱乐,或写爱情,或俗鄙,或嘲讽,基督教所有神职人员也劝不回来这些人。他们不在乎同时代的严肃之人怎么维护诗歌,[70] 或者基于什么原因维护。比如卡图鲁斯(Catullus)和他笔下的莱斯比亚(Lesbia),① 他们爱俗世缪斯,认为那些古板老男人间的低语只值一毛钱。这些叛逆者,世上的文学浮士德们,在什么时代中都有。虽说我们心中要有一杆秤,不应当忘记他们的存在,但正是因为什么时候都总有这样的人,所以才让他们不再具有历史价值。让我们回到普通的"有思想的人",看看这个时代中,他对维护文学的看法较以往有无变化。

---

① [译注]卡图鲁斯,古罗马诗人,有25首诗为心上人莱斯比亚所写。

中世纪如日中天之时，我们发现，在一大批富于创造力的绝妙作品之外，还有不可思议的思想混乱与矛盾。这矛盾来源已久。哲罗姆（St. Jerome）曾经引用维吉尔，也排斥过异教作家。人们在修道院的图书馆里发现奥维德《爱的艺术》和马提亚尔的《墓志铭》竟与圣经和早期基督教神学家的论述摆在一起。康帕莱蒂（Comparetti）曾说："人们一边憎恨、边缘化异教徒，一边拼命地学习他们的作品，一些最有见识的基督教徒将他们视为饱学之士，是天才。"乔叟作品中也有这样的矛盾。他倾注心血在诗歌上，却在《坎特伯雷故事集》结尾称他的诗是罪，请求上帝原谅。尽管有这些混乱，如果你有心探究，不追随研究修辞的简介读本，而是寻找各种地方埋下的暗示，[71]就能得到一些大致真相，了解中世纪如何看待文学。

首先，中世纪教会的影响遍布。一旦人们开始考虑文学的地位，便自动把教会纳入考量范围内。教会看待文学和看待性本能几乎差不多：如果沉溺其中而不加节制，全然是坏的；在合理的规则下享受就是好的，但也比不上没有的好。刘易斯在《爱的寓言》（Allegory of Love）中写中世纪教会如何嫉妒婚姻，饶有趣味。教会担心婚姻中浓烈的爱会影响人对教会和造物主的奉献。弥尔顿就忠实继承了这种看法，在《失乐园》中，他让上帝怪罪亚当服从夏娃："难道她是你的上帝吗？你听从/她比听从上帝的声音还重要吗？"①

教会介怀任何对文学的美德的高度赞赏，相应的，它更喜

---

① ［译注］弥尔顿，《失乐园》，朱维之译，天津：天津人民出版社，1996，页360。

欢看到基于比较边缘或肤浅的原因而对诗歌的维护。自古以来，诗人被认为是预言家或受灵启的导师，这种看法在中世纪虽然没有消亡，却招致鄙夷和强烈反对。但教会却也并不反对将文学看成其卑微的从属。[72] 相当一部分中世纪文学出自神职等级较低的人之手，就很说明问题。《世界的运行者》是一首讲述圣经历史故事的长篇叙事诗。这些历史故事是宗教奇迹剧的题材。诗的一开始，诗人说这首诗为无学识的英国人所作，目的是让他们修正行为，远离虚荣。教会应该会赞成该诗，会认为这是用比布道低一级的手段做和传道士布道一样的事，类似于舞台上演出的圣经故事，或者教堂墙壁和花玻璃上的图画。

文学的另一个合理用法是讲述男女杰出人物（包括圣人和俗世凡人）的事迹。文学行使记录功能，但不与各种经书产生竞争。最具中世纪特色的为文学的辩护是称文学为"坦率的欢笑"（honest mirth）。阿奎那曾肯定过这样的说法：一个人不可能总紧绷着灵魂，戏剧是必要的。这是一种与"诗人是预言家""诗歌是灵魂的高级演练"沾得上边的说法，同时也不会让教会紧张。乔叟做得非常聪明，[73] 他让最富说教意味的故事出自堂区长之口，而让修道院教士讲出最有意思（纯属有趣）的故事。后者讲的故事可以说是"坦率的欢笑"的经典范例，能受到中世纪正统的肯定，它完美提供了阿奎那所说的放松。

兰格伦《农夫皮尔斯》也有一段有名的最具说教性的文字。它出现在寓言人物"想象"（Imagination，寓意为记忆和反思）训斥诗人，认为他浪费时间在写诗上的那个出色诗节的开头部分："而你舞文弄墨，不去传播《诗篇》／为你的衣食父母祈祷；殊不知阐释/ 善、中善和至善的书已汗牛充栋。"① 诗人引用卡图（Cato）的谚语反击："忧愁挂虑之余，也要逍遥欢愉（interpone tuis interdum gaudia curis）。"② 兰格伦维护自己的诗的辩词就是，诗是严肃之余的一个合理合法的消遣。现代天主教历史学家道森这样评价兰格伦：

> 此人是个杰出的英国天主教徒，既是天主教徒中最英式的，也是英诗人中最天主教的：在他身上，天主教信仰和国族情感融合在一起；他眼中的基督，身着英国劳动者的服饰，走在英国的原野上。理解了他的作品，[74] 就理解了最本土的、也最天主教的英国宗教。

相较而言，兰格伦面对同时代天主教正统时的自我辩护与这个评价何其不同。兰格伦没有一句话说他的诗尝试成为一部伟大的宗教作品，甚至没有一丁点儿迹象表明，他有创作宗教圣诗（psalter）的想法，有的只是谦卑的乞求，希望这首微不足道的诗能因为是作者合理的消遣而免受指责。

我认为，这种在教会面前的谦卑姿态是中世纪文学的真正特色，使中世纪的批评理念迥异于文艺复兴时期。兰格伦和锡德尼属于不同的批评世界。

那么改变是如何开始的？恐怕不是源于公认的古典主义的

---

① ［译注］兰格伦，《农夫皮尔斯》，沈弘译，北京：中国对外出版翻译公司，1999，页 160 – 161。

② ［译注］卡图生活在古罗马时期，写格言警句（书名为 The Distichs）。翻译取上注所引沈弘译文。

影响，改变发生在教会权威逐渐让渡给俗世事物的过程中。文学的一个合理题材是记录和颂扬伟大人物的事迹。在乔叟和兰格伦身后的几个世纪里，诗歌和历史的写作都延续了这个题材，但侧重点不同。中世纪侧重事实、记录和愉悦。随着时间的流逝，国族主义（nationalism）逐渐入侵原本密不可分的西方基督教传统，统治者们越来越远离教皇的控制，［75］侧重点也就变了。教会事物失去了一部分严肃性，而这部分严肃性被让渡给了俗世事物。有关杰出人物的记述变得愈加庄严，少了娱乐性，更具说教性。

我们可以在意大利的彼特拉克和薄伽丘（Boccaccio）的作品中看到这种改变。改变也自然体现在后来李德盖特用英语对薄伽丘的改编中。叙述杰出人物事迹的历史和诗歌越来越不像是记录或编年史，更像是一系列范例，告诉人们追随什么、避免什么。

15世纪的人们十分仰仗统治者的品行，他们相信统治者的品行真的可能受其阅读的文学中善恶例子的影响。观察这个改变的最佳例子是卡斯特顿第一次印刷流行作品时附上的前言。这些作品中有一则写的是布伦的戈弗雷（Godfrey of Boulogne）的故事，他是第一次十字军东征中的一个将领。这个罗曼司传奇所在的时代认为罗曼司传奇大体供娱乐之用，但卡斯特顿则认为这本书："从法语压缩转换成英语，目的是为了更加鼓舞基督教徒，为维护基督教、重获圣城耶路撒冷而奋战。"

卡斯特顿还印刷了《列那狐》（*Reynard the Fox*）。① ［76］

---

① ［译注］流传于中世纪晚期的寓言，主角是列那狐，一只拟人的狐狸。它工于心计，欺骗他人以获利。

这一次，仍然略去了任何娱乐元素，义正词严说该书的目的是让人们提高警惕，以防被世上遍布的骗行蒙蔽。

第三个例子是希格顿的普遍历史《多重编年记》。在它热切的长篇前言中，卡斯特顿明确写道，这不仅仅是历史的记录，而是一部具有伟大教化意义的作品，展示给读者"什么是该追求的，什么是该回避的"。

这种严肃的说教精神经新教徒的强烈支持，体现在下个世纪阿斯坎姆（Roger Ascham）和他反中世纪罗曼司传奇的作品中。曾经的文学为躲开宗教警戒而以娱乐为借口，而今已经不能满足时代需求，这个宗教影响减弱的时代强调更加严肃的道德和说教。我在此处要引用的不是阿斯坎姆在《论教师》(The Schoolmaster) 中那段抨击《亚瑟王之死》(Morte d'Arthur) 的著名片段，而是较少人知道的另一段，说的和《论教师》中的是一个道理，出自其《论射箭》(Toxophilus) 的前言：

> 我们父辈的时代，只有虚假的骑士文学可读，人们只能学到屠杀和淫秽。如果有人认为这些书足够用来打发时间那就错了。因为浮华的语言对浮夸、无知的年轻人的影响可不小，这些能助长他们的本性。我听闻，寺院和修道院产出的大部分是这类书，[77] 可倒是符合这些场所慵懒、盲目的生活。

两个典型的英格兰文艺复兴说教文就出自这个时代：《行政官宝鉴》和《戈波德克王》(Gorboduc)。前者写了很多君主和政客的传说故事，大部分以悲剧收场，对其死亡的描述也和法庭处决宾上将（Admiral Byng）的目的一样——鼓励其他人更加骁勇。① 《戈波德克王》写了弗兰克斯（Ferrex）和普兰克斯（Porrex）的争斗，戈波德克王不明智地将两人合立为王国的继承者。② 该书针对伊丽莎白女王，展示了一旦王位继承不确定，王国命运飘摇，以此告诫女王结婚，确立继承者，以避免此类事件的发生。

这两部文学作品不但显示了不同于中世纪的批评侧重点，还体现出不同的批评环境。在中世纪，除去修辞学不说，文学被置于首位，如果说有批评的话，批评也只能针对已有文学。到了16世纪中期，批评理论开始影响文学创作。《行政官宝鉴》和《戈波德克王》的作者都明显清楚当时文学批评想看到的。[78] 但某种程度上存在着悖论：中世纪的方法更有人味，因为它回应了人天性中的随意与投机的一面，这也是让人区别于机器的原因之一；而伊丽莎白早期则因更肯定人权而显示出人文主义的推进，哪怕是僵化地运用这方法。

现在，我要正式谈一谈英格兰文艺复兴的批评了，用两个巨人做例子——帕特纳姆（Puttenham）和锡德尼。坎皮恩和丹尼尔（Daniel）之间进行了一场耐人寻味、充满渊博知识

---

① ［译注］宾上将（1704—1757），英国海军军官，13岁参军，40岁升任上将，1756年奉命奔赴地中海西部岛屿梅诺卡岛（Minorca）阻拦法军占岛。但当他赶到的时候，法军已经顺利占领该岛。宾随即决定放弃攻岛，避免不必要的人员伤亡，因此军事法庭裁定其有罪并处以死刑。

② ［译注］戈波德克王将王国分与儿子弗兰克斯和普兰克斯治理，两人相互猜忌，导致杀戮，最后民众起义，杀害了戈波德克王和王后。

的、具有启发性的争论，① 但和《英诗艺术》（*Art of English Poesy*）和《诗辩》（*Defence of Poetry*）相比，却还不足为奇。

最近有关英语文学的最有意思的发现出现于 1936 年，来自对帕特纳姆《英诗艺术》的研究。威尔科克（Willcock）女士和沃克（Walker）女士在其编辑版本的前言中证明了《英诗艺术》的大部分内容出自 1560 年代，而非之前普遍认为的 1580 年代。所以与它同时代的重要比照也就不是《尤弗伊斯》（*Euphues*）和《仙后》，② 而是道达尔（Tottell）的《文选》（*Miscellany*），以及《行政官宝鉴》和《圣经》的早期翻译。③ 这样看来，《英诗艺术》也避免了被拿来与锡德尼更有名的作品相比，该书也因此称得上是"华丽时代之前"（Pre‐Euphuistic）的优秀文本，更接近卡文迪什（Cavendish）的《沃尔西生平》（*Life of Wolsey*），而不是锡德尼的《阿卡狄亚》。

人们经常拿《英诗艺术》和洛奇（Thomas Lodge）的《诗辩》（*Defence of Poetry*）以及韦布（William Webbe）的《论英诗》（*Discourse of English Poetry*）对比，[79] 但《英诗

---

① ［译注］此处应分别指坎皮恩的《英语诗歌艺术》（*Observations in the Art of English Poesie*, 1602）和丹尼尔的《为韵律辩护》（*A Defence of Ryme*, 1603）。丹尼尔的作品是对坎皮恩作品的回应，其副标题为"《反英语诗歌艺术》"（*Against a Pamphlet entituled: Obseruations in the Art of English Poesie*）。

② ［译注］《尤弗伊斯》，作者是文艺复兴代表人物黎里（John Lyly）。

③ ［译注］一般认为，道达尔的《文选》（1577）是第一部印刷出版的英国文学选集。《尤弗伊斯》出版于 1580 年，《仙后》最先出版于 1590 年。《行政官宝鉴》首次出版于 1559 年。《为诗辩护》出版于 1581 年。

艺术》远比后两本更具原创性。

　　如果有人想要消灭视文艺复兴仅为中世纪自然延续的看法，我建议他们从了解中世纪如何看待文学开始，然后读或重读帕特拉姆的书和锡德尼《为诗辩护》的第一部分。证明文艺复兴是中世纪的自然延续的惯用方法之一，就是指出中世纪的人们如何熟悉古典文学；被埋没的古希腊或古罗马作家重新被发掘引发了西方世界的兴奋和骚动，尤其是在意大利，这样的挖掘非常流行，但认为文艺复兴是中世纪自然延续的人们对此不屑一顾，他们暗示中世纪文坛的古典内容已经非常丰富，那些重新发掘的古典文学不算最重要的。

　　但是，当用这样的视角对待文学评论时就不奏效了。文艺复兴的批评有显著不同的立场。古典的影响在中世纪批评中并没有多少，但在文艺复兴时期的批评中比比皆是。我将引用帕特拉姆来论证，但要说在前头，此人是伊丽莎白时期批评家中一个杰出的例外。首先，帕特拉姆处在清教憎恶戏剧的爆发期之前，所以他可以理所当然地高看文学，不必为文学辩护。其二，他比伊丽莎白时代的任何批评家都要更靠近亚里士多德，主要体现在以下两个方面：[80] 首先，他坚持认为诗歌是人类生活的一大组成部分；第二，他倾向从人类头脑角度理解诗歌，而不是将诗歌看作哪个权威打着为人类好而强加给人、用来说教的工具。在绪论中，帕特拉姆重复了那时欧洲的一个惯象：

　　　　创造和使用诗歌古已有之，并不是像很多人想的那样，在公民社会（civil society）之后才有，诗歌要在其之前。人们还在丛林、山间游荡，像野兽一样四散，无法无纪，赤身裸体或衣不蔽体，没有必要的藏身处和供给，和原野里的走兽没什么分别；此时，诗歌是令大家聚集的初始原因，这已得到证明。因而才创造出了安菲翁（Amphion）和俄耳甫斯（Orpheus）作为上古时代诗人的故事。其中一个，也就是安菲翁，他弹奏竖琴，石头随琴声飞起，垒砌起城市与城墙，以此来指他用温柔、善辩的规劝打动坚硬如石的心。俄耳甫斯则用音乐召唤野兽，驯服它们，暗示其如何运用旋律优雅的乐器，悦耳地讲述周到、有益身心的教导，教化野蛮粗鄙的人们，令其过上文明有秩序的生活。

[81] 帕特拉姆继而又说，诗人是最初的天文学家，发明了宗教仪式，是圣礼的牧师，甚至还是律法的最初制定者。这范围已远超亚里士多德所说。帕特拉姆所言虽非其独创，但他清楚、自信的论述方式和亚里士多德一样的神定气若。他认为诗歌自是和伦理、修辞和政治等事物比肩，它与人息息相关。人若想成为完整的人、不阻碍本性，都得关心诗。论述想象时，帕特拉姆更是鲜明地指出这个立场。他认为想象是可能脱缰、扭曲现实的感官，但没了它，人的头脑根本无法创造。当想象运用得当，

[它]非但不混乱，不是可怕的狂想和奇想，而是极有条理，复杂多样又清晰统一。它可以像玻璃或者镜子一样，呈献给灵魂各种美好的幻象（vision）；它让头脑中创造的部分获益良多，没有想象，人就不能制造新的或罕见的事物。没有优秀的想象力，就不会有政治领导者、聪明的工程师、灵活的手工艺者，也不会有法律制造者、洞悉事物的导师。

[82] 帕特拉姆将想象力视为所有创造工作的必备素养，不管这工作是写诗还是实践活动，显然强化了亚里士多德的观点。这段文字也阐释了帕特拉姆的另一个亚里士多德式的特点，即将诗歌与人的头脑联系起来。他后来为特定类型的诗歌辩护，认为它们的价值不依赖阐释道理，主要作用于人头脑的健康。为公开庆祝（庆贺胜利、就职典礼、生日或婚礼等）所作的诗歌，都应受到维护，因为它服务于人头脑的一大原则：

> 愉悦是这现世和（如我们的神学家所言）来世里人类幸福的一个重要成分。所以当我们能欢庆时须尽欢，用正当手段获得愉悦，这不但被允许，更是必需，出于自然。很多欢乐和慰藉可以由心灵体会，但如果能用恰当的方式道出，将会是最大的愉悦。倘若压迫一个人的欢笑，让他没有共享者或旁观者，那也将是巨大的悲哀和不幸。

又是一番论述欢庆和以诗庆贺之后，帕特拉姆转而从反面叙述：

> 哀悼与欢庆全然相反。人人都这样说。但是，如果能从容自由地哀悼，倾倒出一个人的内心伤痛，去除头脑过度负担的悲伤，也是一件欢悦之事。

[83] 因此，用诗来庆祝或哀悼并无道德上的效用，倒是与亚里士多德论悲剧的净化（cathartic）作用相似。

至此，我们已远离了中世纪佯装宽容、视文学为娱乐的态度。彼时，处于从属地位的诗歌仅可协助灵魂在宗教允许范围内进行短期的放松；而此时，诗歌是获得灵魂健康的重要手段，与灵魂的正常活动为伍。古典思想确实重新得到确立。

帕特拉姆的这种对诗歌的乐观维护又出现在了貌似几乎不可能的地方，它与《英诗艺术》年代相近，这就是《行政官宝鉴》。大体来说，《行政官宝鉴》把神学中的敬畏成分移植到严肃说教当中，让统治阶级能从因行为欠缺导致悲剧的前人身上学到教训。这是李德盖特的首创。除此之外，《行政官宝鉴》再无新的古典化倾向。

1563 年版本新加的故事里（说明这些故事创作于 1559 年首版至 1563 年间），有一个诗人科林博恩（Collingbourne）的故事，他因为用诗句讨论理查三世执政期间的政治体制而身陷图圄。"猫、鼠，和洛弗尔（Lovel），①我们的狗，／在野猪的带领下统治着英格兰。"［84］野猪指的是理查王，他的徽章是一个公猪头。科林博恩借自己的悲惨故事告诫诗人们笔伐须谨慎，要有策略性，"修饰"其诗歌"以免冒犯人"，但同时他也用皮伽索斯（Pegasus）的寓言来宣扬诗人真正的、完整的可写作范围。它与帕特拉姆首章的精神一致，甚至表述也有相似之处，非常美妙有趣。可让我惊讶的是，没有一部有名的英诗选集收录它，史密斯（George Smith）的《伊丽莎白时代批评文集》（*Elizabethan Critical Essays*）也没有选它。

正式引用这段诗文之前，我先给大家讲讲皮伽索斯的神话传说。它是一匹有翅膀的飞马，是海洋神波塞冬（Poseidon）和美杜莎（Medusa）的孩子。要知道，美杜莎在生皮伽索斯

---

① ［译注］Francis Lovel（1456—1487），"玫瑰战争"中为理查三世的同盟。

之前是个年轻貌美的女子,在生育之后才有了蛇样的长发和可怕的面容。诗人对她贞洁的美化仅具有参考意义,因为她最后还是屈服于波塞冬的追求。皮伽索斯扇动翅膀飞上诸神居住的天堂,在那儿安居下来,地上的人们则将他和缪斯们联系起来。赫利孔山(Mount Helicon)的皮鲁斯(Pierus)的九个女儿与缪斯们较量时,皮伽索斯就在场。也就是在那里,诗的灵感之源——希波克里尼泉(Hippocrene),从他的马蹄凹陷中涌出。

[85] 希腊人的确道出诗人的职责,
用皮伽索斯,他们造出的飞马,
如此这般形状,美杜莎所生,
他蹄下涌出缪斯的泉水
流过赫利孔山坚实的岩石;
他继而飞奔上布满星的天空,
在那高高的天堂上居住。

完美的诗人若要像他一样,
首先流淌着美杜莎的骨血;
他要如她那样坚贞美好,
海神为之倾倒。
他的裁决公正和良善,
也须如她一样,眼睛里只有
真理,别的什么都牵引不走。

他的勇气要和马一样,

写正义之事毫不畏惧;
没有能让他屈服的外力,
没有笼头能控制他的嘴。
他须用智慧和精神来武装,
飞跃过岩石、黑暗和混沌,
直至到达最纯净的真理之泉。

他的蹄子也要坚韧有力,
踏碎那欲望的岩石和盲目的错误,
空空的脑子往往走错路;
他必须再以直接和慈悲的理性庇护,
直到让人脑海中涌出恩典的泉水,
因为,除非源于被喜爱推动,
那真理和好建议等于白给。

[86] 诗人要如皮伽索斯那样长着翅膀,
飞向天堂,在那里休息和补给;
他定要知道永恒之事物。
胸中也要有万能之爱。
不被俗世事物所压制,
技与思的翅膀,必要带他飞升,
超越俗世之人渴望的欢乐。

他还要迅捷、自如、轻盈,
能来回往复,查看人们的作为;
伟大的知识往往在这其中被捕获,

值得记录的，迅速用笔写下，
时常尖利地抨击罪恶。
当触到暴君的痛处，他定要迅速
飞奔开去，以保全血肉之躯。

《行政官宝鉴》这部分的作者未知，但他一定知道柏拉图的《伊翁》(Ion)，因为文中认为诗人有翅膀、可上天，作者也一定了解普罗提诺的思想：真正的诗人拥有对永恒的本能感知。

前两章都讨论了锡德尼，我们最终还是回到他这儿，并且此处的批评更为复杂、丰富。在帕特拉姆笔下，可以更容易找到明显不同于中世纪的表述，他更像是纯粹的文艺复兴时代的人。而了不起的锡德尼，其评论涵盖的领域有如弥尔顿的史诗涉及的范围一样宏大。弥尔顿是其时代的先锋，用严格的新古典的形式写史诗，大胆摒弃了史诗的传统韵律。[87] 他不用文艺复兴时期流行的英雄故事，却写世界历史和人灵魂的朝圣，所以他属于中世纪。锡德尼虽与时代接轨、是批评先锋，但《为诗辩护》尽管光彩四射，可还有一种虔诚色彩，让人感觉锡德尼依然是中世纪的继承者。

这位写《为诗辩护》的人也翻译过莫尔内（Phillipe de Mornay）捍卫基督教信仰之"真"的作品。《为诗辩护》中，锡德尼从高森（Gosson）对诗歌的攻击说起。高森本人虽然是新教徒，但他对诗歌的攻击承自天主教，而非改革后的清教。虔诚与《为诗辩护》各种其他优点共存，包括对亚里士多德思想的吸收和对普罗提诺改良过的柏拉图思想的容纳；既能乐见简单民谣，又能欣赏普鲁塔克（Plutarch）成熟的说教文，体现了作者思维的广度——将诗歌不仅和美德相结合，也和时代教义的需求结合，这个时代教义则继承了中世纪来世说教的某些成分。

显然，锡德尼意欲让我们把批评理论和宗教教义联系起来，但他的传递方式不具强迫性，也不存在反复游说。他以朝臣的方式写作，看似漫不经心，实则四两拨千斤，不能写成神学思辨。[88]《为诗辩护》中至少有两处有强烈的宗教意味。其中一处写学习的目的，诗歌是学习的一个重要分支。

> 我们通常称之为学问或博学的这种理智的洗濯，记忆的充实，见识的增强，以及思虑的开展，不论它们在什么名目下出现，为什么直接目的服务，其最后的目的无非是引导我们，吸引我们，去到达一种我们这样带有惰性的、为其泥质的居宅染污了的灵魂所能够达到的尽可能高的完美。①

我不怀疑锡德尼说"染污了的灵魂"并不仅仅指陷入"惰性"，还指因亚当的罪而受牵连，"完美"即指伊甸园中堕落前的状态，也指柏拉图说的善。下面所引的段落，才让我真正确定。锡德尼在此力证诗人能超越自然本性而获得某些神性。

> 不要认为把人类才智的最高峰和自然的功能相衡是太狂妄的对比，还是歌颂那诗人的天上的创造者吧，他照着自己的形象造了人，就把他放在那第二自然的一切作品之外和之上。这一点他在诗里显示得最充分了；在这里他以

---

① [译注] 锡德尼，《为诗辩护》，钱学熙译，北京：人民文学出版社，1998，页15。

神的气息产生了远远超过自然所作出的东西,这对于不信那亚当的倒霉的原始堕落的人,真是个不小的论证——因为我们善于思考的头脑使我们知道了至善,然而我们被污染的意志却使我们达不到它。[89]这种论证会少有人理解,而且更少有人同意。①

即便锡德尼说少有人能理解他的论述,作为阐释者,也应说说自己如何理解这段话。锡德尼认为把人头脑的最高能力比作"产生自然的自然",并不为过。甚至还应该歌颂上帝赋予人超越"被自然产生的自然"的能力。诗最能体现这种能力,因为人在诗中创造着比自然中的还要更高的事物、更美的景色、更接近完美的人。这种创造力印证了神学教义所说的人堕落前的完美状态。人仅有两个完美状态:堕落前的亚当和夏娃的完美,以及人的理解力在诗歌想象中所能达到的完满。两个状态间应有某种关联。哪怕人的意志被蒙蔽,不能让人按理想生活,诗歌也能令其窥见堕落前的完美(也是柏拉图主义者所说的善)。这个论点结合前面第一段《为诗辩护》的引文说的观点,就完整了。前述诗歌是学习的最重要组成部分。通过学习,人的意志能推动灵魂,让它接近理解力所能窥见的完美状态。

从中世纪的这些重要暗示来看,[90]可以推断彼时,诗歌因灵感、道德、记录和娱乐等考量而得到维护。《为诗辩护》涵盖了上述几点,因此锡德尼是中世纪的继承者,而他利用前所未有的独特形式来衡量并杂糅这几点,也显示了确有英格兰文艺复兴一事。

---

① [译注]同上,页 11–12。

第四章 史　诗

　　[91] 一说到史诗，我就遇到了其他章节不曾遇到的难题。毋庸置疑，中世纪产出了很多抒情诗，也有一些批评文章；但有人会说中世纪没有产出任何史诗，中世纪最杰出的叙事作品是寓言，根本不是史诗，就连最优秀的英雄罗曼司也缺少严肃性，难以被称作真正的史诗。这种说法有它的道理，但是请注意，我写的是发展了的中世纪，人文主义可以回溯至此，它不是古旧的日耳曼世界的延续。《罗兰之歌》(*The Song of Roland*)和北欧萨迦不在我的考量范围内。如果有评论家以史诗就是英雄诗为由断言，在这个发展了的中世纪里并不存在史诗，那我不申辩。虽然可以接受该解释，[92] 但这个说法狭隘且肤浅。我认为需要更智慧地看待文学。如果不把史诗限制在描述英雄事件的题材上，而将它看作一种内在精神，那么除了英雄诗，还有很多选择。本章的一大部分将会详细论述支撑我的这个观点，只有这样，我才能进而论述中世纪英语史诗到文艺复兴时期英语史诗的过渡。

　　很容易理解为什么史诗被等同于英雄诗。恰巧，《伊利亚特》(*Iliad*)和《奥德赛》(*Odyssey*)既是史诗又是英雄诗。维吉尔虽然可以写出不限于英雄题材的杰出叙事诗，却还是选择向荷马看齐。所以，原本只是史诗辅助成分的英雄主题，被人们自然地认为是史诗不可或缺的组成元素。还有，在 19 世纪，人们更高看荷马，而非维吉尔，同时还有这样的理念：诗歌越是原始，越有可能成为史诗。认为荷马本人（或者19世纪所说的荷马委员会［Homeric Committee］）接近所写英雄时代的错觉更是助长了如此理念。结果就是，人们以为像古英语《莫尔登之战》（Battle of Maldon）那样的英雄诗才是史诗，而《仙后》无论如何都不是。即便是知识渊博的作家科尔，也在他的优秀之作《史诗与罗曼司》中显示出受这种偏见的影响。[93] 首先，他说史诗年代是社会处于原始形态的一个时代，但在他接着描述的史诗特征里，并无任何与原始时代的联系。科尔主要谈论史诗具备它所处的伟大时代的庄严感与能量，能简单直接地处理人类激荡之情，能塑造伟大人物。显然，这是互不相容的方法，唯一理智的做法是从中做出取舍。要么将史诗等同于英雄诗，把史诗归为描述英雄时代的叙事文学；要么彻底把史诗和英雄时代分开，让构成史诗的条件无关任何时代。我选择了后者，因此必须要说一说我认定的史诗的必要条件。

要想获得非学术的但又不是假想的文学定义，那必须从实际的文学作品中去找。我不仅仅局限于英雄诗，还要到一些杰出的叙事诗中，以及虚构的和历史的散文叙事中，寻找史诗的定义。这样一来，有些小说的实质更像叙事诗而不像小说。[94] 的确，18、19世纪的小说吸纳了许多原属喜剧、悲剧和叙事诗的文学题材。"史诗"是"古典的"和"传奇的"。19世纪初，德国人最先使用这两个词汇，"古典"意味着来自古希腊和拉丁传统，"传奇"指古典之后的哥特事物。在当代，如莫瑞（Middleton Murry）所言，"古典"和"传奇"是"人类精神的两种固有模式（perennial mode）"。"史诗"也是

"固有模式",被以各种形式呈现。它很复杂,寥寥数语不能概括。以下是我认为的史诗必备要素。

第一条很简单,就是质感。一想到史诗的其他要素可能被包裹在平庸的表现方式中(虽然不大可能),就有必要强调作品的各个部分——语言、结构等,都应优异,才能达到史诗的效果。强调史诗的质感就排除了诸如当前受重视的亚瑟王、利奥尼达斯(Leonidas)以及其他所有次等的传统英雄诗。

检验悲剧和史诗的不同之处,自然会浮现史诗的第二个要素。悲剧与史诗之间有着简单但却根本的不同,[95]与两种体裁的原生条件有关。考虑到观众的观感体验,悲剧时长是受限的。它是严肃的,要展现最深沉的效果,不能将所有元素全部压缩到狭窄的空间内(那将会让观众迷惑困乏),而要省略和精简。不论出于什么原因(与我们此处讨论无关),悲剧作者将地域特性和琐事精简,焦点是人类的普遍情感以及个体身处禁锢环境时的忧虑,包括自然环境、社会环境或宗教。通过个体视角展现人类普遍经验,让篇幅受限的悲剧达到最佳效果。这种独特能力也让悲剧成为某些种情感的原生国,它繁衍出来的情感殖民到其他体裁,那些体裁原本是一些别的情感的原生国。《包法利夫人》(*Madame Bovary*)中存有的悲剧情感就是殖民来的,而不是本土的,因为这情感原本不是小说体裁的特质。史诗的特质仰仗表演的实际条件。部落首领和属下聚集在大堂,或者一队朝圣或度假者参加接连几天的宗教节日,与挤在剧院狭小空间的戏剧观众相比,[96]他们想要或至少会容忍更长的篇幅。实际演出中,背诵史诗没有表演复杂的戏剧情节那么费劲,再加上背诵者轮流,导致有长篇的可能。对抗冗长的正确做法是注重变化,而不是重复。

因此，史诗的必备要素之二是丰富、充足：涵盖多种题材，包含最广阔的人类情感跨度——从单纯的感官体验到对神圣的感知。

单有大的跨度并不够，史诗还要有第三个要素：与涵盖范围相称的控制力。这个至关重要的要素也能解释近年来长诗地位的衰退，衰退与文学必须要自发（spontaneous）的流行论调有关。

显而易见，写长诗或长而高度有序的散文作品，都需要数年的创作，作者不可能全程保持即兴。他在中间可能会渴望打破原有的构想，跟进新的兴趣。追求"自发"，不能驯服这种渴望，作者也必须用意志力帮助自己遵循早已定下的构想。大概写任何的诗（除了被梦或幻象支配的创作）都需要意志力去控制和组织。[97] 写抒情诗、短篇小说和戏剧，用到的控制力是不一样的，而最为紧张的长篇创作的过程，也需要最强大的控制力。这种有控制的写作仿佛人生活中的某些阶段。正如意志迫使人在某些特殊时期（例如探险）恪守原定计划、不随心所欲那样，诗人也能运用意志克制新的兴趣，保持作品既定的统一性。意志也必须要得到理性强大的支撑。理性在衡量以往长时间经验的累积基础上，确信什么是正确的道路。在紧要关头，意志会让这种确信凌驾于想改变的短时冲动之上。

在创作长诗时，意志不仅是外在的推动力，意志本身和对它的信仰也成了整个体验中的重要部分。弥尔顿叙述"柔和的洞箫"和"多利亚的曲调"如何

> 把古英雄武装出征的堂皇气概
> 提到了极致。鼓吹起来的不是

一时血勇之气,而是慎重、坚定。①

即便弥尔顿没有用"慎重、坚定"(deliberate valour)这些字眼,[98]他的文风也明显体现出对深思熟虑之后的勇气的欣赏,思虑暗示着运用了意志。《失乐园》和其他真正的史诗一样,里面罕有运用意志创作的、能与即兴创作的部分相和谐的段落,这些段落非常重要,因为它们展现着意志的存在和价值,而意志也是它们存在的主要原因。

意志的运用和对它的信仰是从史诗的第三个要素中得出的推论,它们也将史诗与人类最伟大的运动和最坚固的机制联系起来。人类意志在创造所谓的文明时起到了主要作用。举婚姻为例:不论过程中有多少随性发生,不论缔结连理是出于怎样真实的激情,婚姻的持续很大一部分还是依赖理性。也不是不可这样说:婚姻是由于主观意志的不断维系才得以持久的恋爱关系。史诗就好比是婚姻,它不是一时兴起,也不是来去匆匆的热烈激情。

史诗的第四个要素是合唱式(choric)。史诗的作者要书写生活在其时代前后的人们的情感。认为史诗主要表达爱国情感是这第四个要素的过分狭隘的表述。国家在某个阶段的伦理性格十分明晰,会有助于作者写作。[99]例如,斯宾塞在《仙后》中就成功地描摹了伊丽莎白时期的性格。但大众的情感不一定就是国族情感。但丁就是中世纪式的,而不是意大利式的。简要来说,这第四个要素要求史诗必须展示当时生活到底什么样。史诗作者的背后应该是一大群人,作者是这些人的

---

① [译注]朱维之译,页30。

传声筒，讲述他们的严肃信仰和可爱习惯。

也是这一点让史诗最有别于悲剧。悲剧虽然不可避免有时代的影子，但它本质上是超越时空的。悲剧处理的是人类的固有情感，将它们赤裸地表现出来（它相对短的篇幅也容不下别的），最低限度地受周围条件影响。悲剧向观众展示的不是某个时期的生活是何模样，它展示的是人是何模样。合唱式元素是史诗的必备，在悲剧中最多只是偶有。虽然如此，也不是说凸显和分析永恒情感是悲剧的专利，而史诗就不能表述人类的永恒情感。相反，史诗的伟大，部分原因是它包含着这些情感。当浓烈的悲剧成分和时代的集体思维共存，当跨时空的永恒搭配上多变的时代，史诗才达到完满。

我并不是说只有悲剧成分才是史诗的主要元素。[100]史诗里也应有喜剧元素、世间百态、个体鉴于社会压力而屈服的片段。只要不影响史诗效果，它可以侧重悲剧元素。其他元素，诸如罗曼司、讽刺、幻想、怪诞等等，如果不是太浓重，都可以服务而不是破坏史诗效果，并且，如果史诗缺少悲剧和喜剧元素，它们也可以起补充作用。

在我描述的史诗四个重要元素之后，就是这样一个简单事实：真正的史诗会启用适合回应时代重要关切的文体形式。当时代关心人的本性，英雄故事就可以给出答案。其他时代也有各自合适的文体形式：比起英雄故事，中世纪更注重运用寓言，其中真正的史诗都是寓言性的；19世纪里最得势的文体是小说，它里面不一定要有绝对中心的人物，不像传统史诗诗歌那样，一个英雄人物统治了全篇。

有关史诗论述的前期铺垫完成后，我可以继续话题，阐释中世纪任何可能的史诗创作。荷马时代主要看重个人那些最强大、最热烈、最果敢的时刻，这些时刻自然从英雄事迹中表现出来。具有古典特征的史诗作者、荷马的重要继承人维吉尔是过渡人物。[101] 他无法继承荷马的纯粹，不能感情热烈、毫无疑虑地生活在当下，但是他信仰罗马的文明使命，所以相信自己能借用荷马史诗的形式表述这个信仰。

中世纪对维吉尔的喜爱和解读也并非全然不对。表面看，中世纪读者确实严重扭曲了维吉尔。他们把《埃涅阿斯纪》看作人类灵魂的寓言：第一卷中的沉船象征着灵魂的初生，最后图尔努斯（Turnus）的死亡昭示着灵魂战胜邪恶。但不可否认，整首诗下来，埃涅阿斯（Aeneas）确实从一个有着严重缺陷的人演化成为寓言人物，他后来几乎没有人的缺陷，代表着自我约束和有序能量。更进一步讲，维吉尔在全诗里展示了一种超越现世的气质，这让他有别于荷马，更像是但丁《神曲》中的主要人物。荷马史诗是现世的，关注主人公个体，人们乐于形容它具有强烈得让人眩晕的光芒。维吉尔标志着过渡——从荷马过渡到中世纪倚重的超越现世、个体臣服于神圣。

在中世纪语境中，[102] 英雄诗的传统虽然没有被打破，从古典时代一直到文艺复兴时期的再次复苏，但它不再是主要的文体形式，被描述人灵魂的现世朝圣、获得救赎的诗歌所取代。这种诗歌在欧洲大陆的最佳例子是但丁的《神曲》。那么有没有英语的例子呢？

鉴于我扩大了史诗的范围，将非诗歌作品纳入其中，读者可能会问：马洛礼的《亚瑟王之死》算不算？我认为不算，尤其是在考量维纳弗的重要推论后。他在新近发现的温彻斯特手稿基础上重新编辑了该诗。我们原本认为这是一整首长诗，而现在发现它应该是马洛礼的作品集。这个结论推翻了因为此作品与原计划有差异就认为是马洛礼创作失误的看法,马洛礼也不再是依靠一部伟大作品扬名天下的那一小部分作家之一了。我们读他最出色的片段:写桂尼薇尔(Guinevere)的部分,亚瑟王和兰斯洛特关系破裂那一段,以及寻找圣杯之后最后的战斗,这些创作是最浓缩和浓烈的悲剧,并没有史诗的广度。后两个片段模仿痕迹最少,显示了作者长期研习的结果,是伟大的文学创作,[103] 但与我们目前讨论的主题无关。另一个宣称是史诗的作品是李德盖特用英语改写的法国诗人德贵乐威尔(Deguileville)的一首写人生朝圣的诗。原诗有中世纪史诗的必备题材,将其改写成英语的僧侣李德盖特有天赋,也努力,却缺少气势和头脑的广度,根本达不到史诗的标准。中世纪英语作品中只有一部具有史诗的潜力:兰格伦的《农夫皮尔斯》。我会毫不犹豫地为它争取史诗的地位。它并非毫无缺陷,但却不失为史诗。

必须要承认兰格伦作品结构上的不足。他过分关注穷人的苦楚、富人的罪孽,表述间或不合时宜。它有一个主要的结构重复,开头的梦主要写了同时期的英格兰生活,而后来第二部分写中善(Do-bet)的,也关注一样的世俗生活。韦尔斯(H. W. Wells)想力证两者写的是生活的不同部分,并非重复。单从道理来说,韦尔斯可能是对的。但道理是道理,从阅读体验的角度,并不能感受到两部分是整体的构成元素,存在递进。可是,读者仍然抱有幻想,[104] 看不太清楚,但从未怀疑兰格伦到底有没有清晰的结构计划。兰格伦最终还是证明了自己有控制多种题材的能力,不管他如何滥用了这个控制力,而控制力对获得真正的史诗效果至关重要。

我想起兰格伦写的船上的人的寓言。船上的人可能在船行进过程中摇晃踉跄，十分危险，但这并不影响船向着目标前进，除非晃得太严重让人无法把舵。摇晃是可赎的小罪（venial sins），无法把舵是不可饶恕的弥天大罪（mortal sin）。从结构上看，兰格伦小错不断，甚至某个点上接近放手的大错，但最后他还是驶出了平稳和壮丽的航程。

我主要是指他精心的谋划让全诗一步步走向高峰。在叙述多个三位一体结构的这个主题里，最重要的是保罗神学的"信仰"（Faith）、"希望"（Hope）和"仁爱"（Charity），信仰由亚伯拉罕（Abraham）体现，希望的化身是摩西（Moses），而仁爱的体现没有运用任何旧约人物，而是良善的撒玛利亚人（the Good Samaritan）和其善行。此处，梦者的精神朝圣（也是全诗的主旨之一）到达了重要节点。做梦的人希望能成为良善的撒玛利亚人或者仁爱的仆人，这个愿望得到满足。后来发现，良善的撒玛利亚人原来也是朝圣者，是个去耶路撒冷比武的骑士，[105] 也就是说，是奔赴与死亡在十字架上的最终搏斗的耶稣。以往认为耶稣是战斗骑士的观念在诗中也得到了叙述和扩充。死亡的征服者基督进入地狱，让亚当和夏娃得以被解救，是新模式下的第一个救赎。从仁爱的抽象概念，到直捣地狱的征服者基督，一系列改变展示出作者驾驭结构的高超能力，足以勾销掉那些次要的瑕疵。

以上，我主要讲了兰格伦的结构问题，因为结构是他的最弱部分，最容易受到检视。而至于他的语言和韵律，基本无懈可击。兰格伦的头韵提供了灵活的空间，既能够展示头韵擅长的说教效果，也能与沉静的思想和愉悦的情感相匹配。其中有一段描述了上帝四个女儿歌舞庆祝捣毁地狱，一直到复活节的黎明，此处，兰格伦的诗行上升到了销魂的地步，少有英国诗人能与之比肩。

至于题材是否多样和是否为群体代言，很多人都会认可他满足了史诗的这些条件。他笔下涵盖了所有社会等级，从君主到永远生活在底层的十分之一穷人们，① 不论写酒馆还是隐士的陋室，他都挥洒自如，并且用时代的眼睛来看他处的世界。兰格伦本人可能并不善社交，[106] 但这并不妨碍他的诗学声音被大众接纳为自己的声音。他或许比他的大多数读者都虔诚得多，那多出来的虔诚也是读者的虔诚。兰格伦对周边的事物有着敏锐的洞察力，然而，尽管他比周围人目标更明确、聚焦更清晰，他看到的周边事物也仍然是身边人所看到的。

我还没有详细论述中世纪史诗到文艺复兴史诗的过渡。李德盖特在这个时期中是个重要人物。因为前一章已经简单提到他，并且当时讲的也是有关史诗发展的问题，所以此处将其略去。华埃特和萨里的时代没有什么史诗作品；接下来的《行政官宝鉴》的诗学成就不够高，范围也小，不适用于此处的讨论。那些翻译作品也不能与蒲柏翻译的荷马史诗相媲美。要想找到与《农夫皮尔斯》比肩的成功史诗作品，要到伊丽莎白时代晚期。几部自称史诗的作品中，斯宾塞的《仙后》和锡德尼的《阿卡狄亚》至少取得了部分成功。

比较这三部作品可以给予那些想要最大限度缩小两个时代差异的人们有益的纠正。这两部伊丽莎白时期的作品，尤其是《仙后》，的确都有着浓郁的中世纪元素。[107] 科恩希尔

---

① [译注] 布斯（William Booth, 1829 – 1912）在《在最黑暗的英格兰》(*In Darkest England*, 1890) 中提出的说法，他认为不论何时，都有十分之一的人口活在社会的最底层。

（Nevill Coghill）认为，构成《农夫皮尔斯》筋骨的四种同时存在的思想是受一些中世纪作家影响的结果。读者若问斯宾塞作品是否也有这些思想，我无需作答。可以确定的是，寓言是中世纪的遗产。运用中世纪式寓言最大的问题，也是最值得琢磨的，是运用多少、取其多少内涵。期待每首诗都遵从一个标准是徒劳的，因为在同一首诗中，寓言的内涵也会不时改变。斯宾塞就是这样。但没有遵从寓言标准也正是《仙后》的意义之一。它需要吊读者胃口，让大家不断去猜。我们要尽力阐释，不被斯宾塞强大的音乐性所麻醉。

再者，《仙后》也包含了中世纪的朝圣主题，出现在第一、二卷中，第五卷也有一些。这个主题也是个人寻求拯救的朝圣之旅，演化过程如同《农夫皮尔斯》里的善（De-wel）、中善、至善（Do-best）表现出的不同状态一样。至善包含了俗世和默观人生的理想状态。红十字骑士在禁欲和新耶路撒冷的幻象之后，回到俗世生活，去屠龙。［108］虽然存在中世纪元素，但《仙后》做出不同于中世纪的重大转折，变了重心。兰格伦的诗中，神性（holiness）无所不包、无处不在，人（homunculus）向之看齐，也因此矮小。而在斯宾塞笔下，神性虽然意义重大，也只是良善之人的核心特质之一，与其他核心特质同在。良善之人不是凡人，更多的是作为统治阶级的一员。斯宾塞认为他的诗目的在于塑造绅士，这可不是随便说说而已。

锡德尼《阿卡狄亚》里与中世纪的差异更为显著。首先，它只有零星一些中世纪元素。锡德尼确实从中世纪传奇中吸收很多养分放入他的故事，但没有《仙后》那般的寓言形式和朝圣主题。改后的《阿卡狄亚》完全是古典的（1926年，《阿卡狄亚》首版手稿的印刷版问世，在此之前，人们读到的都是锡德尼修改后的版本），它源自荷马和维吉尔模式的古希腊传奇。不论用了多少宗教元素，《阿卡狄亚》的内容主要是为了塑造绅士与淑女，通过显眼的例子展示什么该做、什么应避免。兰格伦的作品所体现的政治，需要被无所不在的神学原则所驱动。而在锡德尼的作品中，政治不论如何被宗教严格规范，却是核心，占据更大部分。[109] 这还是出发点的问题。请不要认为上述论断雷打不动，因为我如果想要在《阿卡狄亚》中寻找到更多的中世纪元素是可能的。我主要是想告诫读者，不要夸大中世纪和文艺复兴之间的延续性。

有一件事，我说了太多，这就是为兰格伦作品的结构辩护，以防有人反对它的史诗地位。但我没有为《阿卡狄亚》的风格做同样的辩护。很多读者，或者说大量阅读过锡德尼的绝大部分读者都发现他真是太冗长，无法忍受。我得承认，如此风格很难让《阿卡狄亚》毋庸置疑地登上史诗的位置。它的优点在于广博、有光彩和无尽的活力，展示出人类的果敢、英勇和无时不在的智慧。像司各特的非诗歌作品一样，它需要读者快速阅读，但很少有读者能够适应维多利亚时期作品的结构模式，能够快速阅读并且不落下什么。当你能熟悉它的结构，能速读，就会发现这部作品灵活、生机勃勃，就算它没有悲剧或预言成分，也有你所想不到的多种效果。它绝不枯燥、繁琐。相反，《阿卡狄亚》足够出色，能让锡德尼满足二等史诗作者的条件。

[110] 锡德尼在《阿卡狄亚》中的风格只是附带提及，并不影响我的主要论点：斯宾塞的韵文史诗和锡德尼的散文史诗都展示了至少与中世纪史诗的一个主要不同——作者在人、神主题上的立场变了。华埃特通过引入戏剧化而让人物鲜活，

使抒情诗更以人为中心；同样的，斯宾塞和锡德尼虽然非常肯定上帝旨意的操控力量，但还是以人性为重心。兰格伦写出的虽是世间百态，但他旨在书写抽象的神性，而如此方式无法被伊丽莎白时代的史诗继任者所延续。不论怎样寻找两个时代的关联，论证中世纪的残留，都不能否定两个时代间的巨大转变。

后 记

[111] 我每章都以锡德尼结尾,这是有特殊原因的。在伊丽莎白时代的所有伟大作家中,我认为锡德尼最能代表这个时代,通过他,可以解读到最真实的时代特质。他既是继承者又是创新者。我首先提到了他身亡的情况,看得出他是中世纪骑士理想的继承人,但他又体现出了为中世纪所不曾有的体恤个体的新元素。继而,我又提到了一首抒情诗,采用的是问答形式,从这一点看它是中世纪的,同时,它又有戏剧化的现代特质,写的是"此时此地",叙述者是真实、独特的个体。我又提到了《为诗辩护》。这部作品继承了宗教的严肃,又结合了来自意大利的最新批评理念。无需重复对《阿卡狄亚》的论述;只有通过如此具有代表性的锡德尼,[112] 我们才能回答这几个讲座要解答的问题:有英格兰文艺复兴吗?既然我以回答此问题为出发点,那么你们可以有充分权利得到一个不太模糊的答案。对锡德尼的阐释已经暗示了我的回答:有,也没有。各位不必失望。让我再讲一下我的结论,虽然做不到黑白分明,但至少能具体展开,比简单的几个字要稍微详尽一些。

首先,我们讨论的是一个范围广阔的领域,可能得到看似相悖的结论。如果你像我这样直接对比《农夫皮尔斯》和《阿卡狄亚》,就会惊讶于两者的不同。但你若想探究《仙后》

里的中世纪寓言,也会因为相似之处而称奇。我们能做的只有尝试接近一个普遍事实,即便它并不比其他事实的真实程度高出很多。所以我的结论就是:英格兰当时存在一些改变,可以称得上是文艺复兴,但大体上,它是逐渐发展起来的,有前进,也有后退,不像意大利文艺复兴那样,是突然、激烈的冒进。这种对比在建筑艺术上体现得最为明显。若细心的建筑爱好者第一次走在意大利的街头,会讶异于看见它的古典风格建筑仿的是非常早期的建筑,[113]且特征明显,与哥特风格的分野十分清楚而彻底。但在英格兰,亨利七世时期的一些建筑身上似乎是犹豫不决地选择了古典风格的装饰,例如伊力大教堂(Ely Cathedral)中的韦斯特主教小教堂(Bishop West's chapel)。这样的风格蔓延到纪念碑。在琼斯(Inigo Jones)出现之前其风格极为平淡,① 而琼斯本人也几乎是时代的异类。柯勒律治(Coleridge)如此描述热带快速的日夜变更:"残阳落水,繁星涌出/霎时间夜影沉沉。"② 可能是我们英格兰温和混沌的气候拉长了过渡,导致思想的转变也同样慢吞吞。

我们不能改变气候,所以可能也不可避免地要有自相矛盾和模糊不清的转变。往坏了说,这些事情反复不定,真心让人懊恼;往好了说,它们能达到有意义的独特平衡,并不仅仅是为了追随文艺复兴式的人应该均衡发展的理念。虽然英格兰公共建筑的文艺复兴风格不是很明显,但它的住宅建筑(加上

---

① [译注] 琼斯(1573—1652),英国建筑家,古典建筑的创始人,主要作品包括格林威治的女王宅邸(The Queen's House),他还设计了伦敦的歌剧中心——考文特花园广场(Covent Garden Square)。

② [译注] 柯勒律治,《老水手行》,杨德豫译,《柯勒律治诗选》,桂林:广西师范大学出版社,2009,页23。

周围环境）做到了精美的和谐。我要以锡德尼的一段文字作为最后的例证，它出自《阿卡狄亚》，写的是当时英格兰住宅建筑和居家生活的绝妙精髓：

[114] 房子本身用坚硬的浅色石头砌成，展示着不是别的什么秀美，而正是庄重严肃的尊贵。灯、门和阶梯方便宾客使用，不为表面好看。突出展示了一些部分，但也不让其他部分失色。每个角落坦荡大方，没有怪异之物，有家的舒适又不让人生厌；它不是让人不得踏入的讲究，但也不马虎草率。比起美来，一切更是为了长久，而这对长久的考量也让人看到并觉得它是非常美的。仆人们不多，穿戴整洁，手脚勤快，他们的面容诉说着主人既乐于享受服务，也关心为他服务的人们。

看，的确是中和，并不是激烈的对比。它和谐、不混乱，展示着独特的英格兰式文艺复兴所能取得的成就。

神话与英式思维

（节选）

前　言

首先我要感谢剑桥大学圣三一学院（Trinity College Cambridge）的领导和同事们邀请我在1959—1960年间做了克拉克系列讲座（the Clark Lectures）。我感谢此次讲座邀请，不仅是因为荣幸受邀，还因为讲座促使我深入探索并表达出早已盘旋在脑海中的一些想法。

讲稿收录于本书中。这些讲座内容求广不求深。全书保留了讲稿的形式，是希望读者能注意到讲座的这个目的。

书中汉语诗的翻译，经剑桥大学出版社允许，采用初大告的翻译（1937），原诗为范仲淹（989—1053）所作。

我还要感谢维尔森（E. M. Wilson）教授为我讲解特伦特会议（the Council of Trent）如何反对尼哥底母福音书（the Gospel of Nicodemus）。

蒂利亚德

第一章 导 言

1 什么是神话？

[9] 首先，我必须为起了这个让人迷惑的题目说抱歉。近年来，对"神话"（myth）、"神话的"（mythical）、"神话体系"（mythology）的研究频繁，让这些词汇具有了广阔的内涵，让人有些吃不消。我本想避免用这些词，但也没有合适的同义词能描述我即将展开的论述。

为了清楚起见，我先声明题目里包含的和绝对没有的意思。

读者可能会猜，"神话"意味着想象的或是不存在的，所以推断我要讨论文学中的某些部分，比如一些文学体裁，或者字词本身具有的声音价值，以此来显示它们的奇异。

或者，读者会猜，我使用"神话"一词中的"民间传说与传奇"这层含义，会研究普罗米修斯（Prometheus）、俄耳甫斯、亚瑟王等的神话，以及不同作家和时代对它们的运用。

又或者，读者猜想我使用"神话"一词所取的含义，更常被"原型"（archetype）一词表述出来，并推断我会进入穆雷（Gilbert Murray）和博德金（Maud Bodkin）喜爱的领域,① 追寻英国作家如何使用久经重复的原始人物形象,例如大力士赫拉克勒斯(Hercules)和参孙(Samson),[10] 美人海伦或者克莉奥佩特拉,或是令人生畏的人物、叛徒或是敌人,比如犹大(Judas)、马基雅维利、克伦威尔或是拿破仑(Napoleon)。

这些猜想都错了。当我用"神话""神话的"这些词汇的时候,想的不是上面这些,我指的是人类族群,无论大小,都有的本能,那就是:几乎无意识地赋予某些故事、事件、地点和人以特殊的意义,把它们转化为人们本能地去参照的中心,让有相似主题和道义的故事 A、B、C、D 是且仅是同一类型。这样,故事成为典型,是族群的共同财产,体现某种思维或情感,是这种思维或情感的经典化身。

从这个意义上说,制造神话的本能是普遍的。任何有一定规模、活跃的家族都会制造家族神话;学校有学校的神话,我可以给大家讲我大学预备校制造神话的例子。校长可能是在模仿安斯蒂(Anstey)的小说《反之亦然》(*Vice Versa*)里的那个校长,无论是上课还是惩罚学生都有强烈的戏剧感。开始学拉丁文的时候,他会让你觉得(你也乐于这样认为)语法越来越长,像是值得尊敬的朝圣之旅,中间存在危险,你走上朝圣之旅是种幸运。各部分语法也被赋予了严肃的意义。比如格

---

① 穆雷(1866 – 1957),英国古典学者,翻译了索福克勒斯、阿里斯托芬等人的作品,让古希腊戏剧又一次流行起来,同时著有《希腊史诗的崛起》(*The Rise of the Greek Epic*, 1907)和《希腊宗教的五个阶段》(*Five Stages of Greek Religion* (2nd ed., 1925);博德金(1875 – 1967),英国文评家,主要研究神话与文学,代表作为《诗歌中的原型范式》(*Archetypal Patterns in Poetry*: *Psychological Studies of Imagination*, 1934)。

的变化，前两种变格只是起了个头，相对简单，引导你走向第三种变格，那才是难攀的山，是神话。我还记得那时候弱小的自己经老师允许可以进行第三变格的学习、开始攀登山峰时，兴奋不已。或者举最近的例子，［11］二战时候圣保罗大教堂（St Paul's Cathedral）的神话。尽管周围千疮百孔，但大教堂几乎幸免于难。这种幸免越来越与教堂本身无关，它成了伦敦人当时的忍耐和最终得以逃脱的神话。只要大教堂的雷恩穹顶（Wren's dome）还在，一切就还好。要感受这个神话的真，你只需将圣保罗大教堂与威斯敏斯特教堂（Westminster Abbey）的受轰炸遭遇做对比。从教堂谈开以至城镇层面，人们把某些关于 19 世纪工业主义的特定情感（无论对错）寄托在维冈（Wigan）而不是别的城镇上，不是朗科恩（Runcorn），也不是米德尔斯堡（Middlesbrough）。

另外，还有神话形象。大约十年前，卡通画家维基（Vicky）展示出他在这方面有精准的感知。他在一幅画里画了一个巨大的、代表英国人的约翰牛（John Bull）的形象，在上面画了叉，在他的对面，画了比他小、穿着工作服的人。这个人看起来挨着饿，背靠墙壁，胳膊下夹着一匹布，手里拿着一只板球棒，商标是帕西·维尔（Percy Vere），① 他身体的各个部分和背景都被标注红色的字句："墙——背靠上去；上嘴唇——保持不动；鼻子——一看就是辛苦劳作的样子；下巴——忍着吧；布匹——照着身材量衣；袜子——拉上去；板球棒——用来打艰苦的比赛。"维基是正确的，他承认约翰牛是英国神话，但也暗示这个形象已经过时。

---

① ［译注］音形都与英语中的坚持（persevere）相似。

至于历史事件或者故事，我们可以引用斯巴达人（the Spartans）在温泉关（Thermopylae）抵御波斯人的故事，它是西方世界所熟悉的、绝境面前的勇气神话。罗密欧（Romeo）与朱丽叶（Juliet）的故事则是年轻的爱情以悲剧结尾的神话。[12] 再或者，战胜西班牙无敌舰队（the Spanish Armada）具有的神话价值也是个例子。麦丁利（Garrett Mattingley）最近出版的书中最后一段写道：

> 与此同时，当与无敌舰队一役隐入历史的时候，它也影响了历史的走向。这个故事被披上金色的迷雾，被夸大和扭曲，成了抵抗暴政、维护自由的英雄寓言，这是永恒的以弱胜强的神话，是大卫（David）战胜歌利亚（Goliath）的神话，让人们在黑暗时刻提起勇气，相互鼓励："我们曾做到过，也一定会再做到。"因此，战胜西班牙无敌舰队的传说和历史上的真实事件具有一样重要的意义，甚至传说更为重要。

最宏大的神话产自大群体，尤其是民族。这些神话是人们本能去依赖的参照中心，异常重要。重要到了什么程度呢？有着古老文化和丰富神话的国家，其国民通常难以感知这个重要性。但是在新兴的美国，人们很快将一些促进美国独立的事件神话化，哪怕这并不足以与法国或中国等的神话系统相媲美。过去几年，我一直在思考，美国人会将二战中的哪些事件神话化，来取代先前的神话？这种好奇心得到了部分满足，因为我最近听到一位美国学者在讲座中非常自然地讲起"马拉松或突出部战役（the Battle of the Bulge)"。① 纳粹德国是个说明民族神话无法替代的好例子。德国神话之一是莱茵河（the Rhine），其中一个重要成分是海涅（Heine）的诗歌《洛累莱》（*Die Lorelei*）。[13] 可海涅是犹太人，本来他的诗不应该被接受，但纳粹无法割舍。于是这首诗出现在学校教材中，但作者标注为未知。别的例子还有，塞浦路斯共和国（Republic of Cyprus）初期就有了塞浦路斯人数年来抵制殖民统治的神话。如果我们了解新生国家对神话的渴求，对苏伊士蒙克豪斯博物馆（Monkhouse Museum at Suez）也就不那么反感了。

大的政治运动也需要神话。其中一个最为人知的是共产主义的无阶级社会。索雷尔在《论暴力》（*Reflexions on Violence*）中有一个最具启发意义的观点，他不把罢工看成可能发生的事件，而是个理想的参照中心，这和我所说的神话的意义是一样的。

2　神话与文学

希望我已经把我所使用的神话的含义讲明白了，下一步就可以探讨文学与神话的关系。很多文学作品与神话没什么关联，文学并不得益于某种特定群体，它要么是私人的，要么具

---

① ［译注］二战末期的突出部战役（1944—1945）由德国挑起，盟军最终胜利，过程曲折。"突出部"一词来源于地图上盟军从一处开始，逐渐推进，前线的变化在地图上好似不断变大的突出部。这也是美国军队在二战中参与的伤亡最大的战役。

有普遍性，超越群体，触及普遍人性。让我举个例子，用某一事物的反面来定义这个事物。距离我们遥远的文学尤其合适举例，因为如果它触动了我们，仿佛那是我们自己文化里的内容，那么这个内容具有普遍性的概率就非常高。此处引用一首中国诗人范仲淹写戍边的诗。在与鞑靼接壤的遥远边疆，先是秋天，然后是冬天。诗重点写了边疆的景色。①

> [14] 塞下秋来风景异，
> 衡阳雁去无留意。
> 四面边声连角起。
> 千嶂里，
> 长烟落日孤城闭。
>
> 浊酒一杯家万里，
> 燕然未勒归无计。
> 羌管悠悠霜满地。
> 人不寐，
> 将军白发征夫泪。

如果说此处的描写用了简单明了的对仗，是中国式的简洁，但是它呈现的情感和呈现过程所体现出来的想象力却不受国籍的限制。人长期在外，远离让自己有归属感的故土，自然会产生诗中那种哀伤，这是人类共通的。长时间战争状态，但中间有相对和平的休战期，有这些经历的人，不管出自哪个种

---

① [译注] 原文并未给出题目，但根据英译判断，应是范仲淹的《渔家傲·秋思》。

族，都会慢慢好奇前线另一边的同类怎么生活、想些什么，也会读着诗中提到的"羌笛"有所触动。诗人很聪明地把结冻的土地和羌笛声放在一起，让我们去想象关联两者的桥梁——一个简单的事实，即平静的冰冷天气中，声音带着特殊的回响，在霜打的土地上空传播。这体现了柯勒律治所说的想象的融合力量，它不受地域或者国籍的限制。[15] 同时，诗人没有过度解读，没有把可南飞的野雁和不可归家的战士之间的对比覆上伤感色彩，而是仅指出事实——雁南去，说话人不可归，极具艺术魅力。整首诗传达的经验非常私密，但却能被全世界所理解。它不谈群体，也没有煽动性，人们读了不会首先想到逃避服役，或者向上级要求更宽松的管理。要说这首诗能引发什么行动，也是通过唤起读者那具有想象力的同情心而达到的。

举这个例子，是为了展示说明我在讲座中所讨论的文学与上面例子里的文学截然不同。

说到此次想讲的这种文学，我必须做两种明显的划分：第一种，它从现行的、正在发生作用的神话中衍生出来，并且巩固神话。这里先不举例，因为其中的大部分作品，我在后面的讲座中都会讲到。第二种，这种文学本身就是神话，某个群体将其奉为群体的代言，它代表了群体成员都接受的观点和情感。此类神话文学通常受机缘的影响最大。数十个作品可能各自具有差不多的潜在的神话力量，但是出于机缘巧合而不是作品的内在品质，某些文学成为神话。此处举两个例子。布莱克的《经验之歌》（*Songs of Experience*）写了升天节（Holy Thursday）这天，给接受救济的伦敦孤儿举行的礼拜。

[16] 这难道是件神圣的事情,
在一个富饶的地方,
婴儿们干瘦得十分凄惨,
竟让那冰冷的放债的手来喂养?

那颤抖的叫声可算是支歌?
它难道能是一曲欢快的歌唱?
还有这么多的穷苦孩子?
那原来是个穷瘠的地方!

他们的太阳永远不会发光。
他们的田野是光秃秃的一片荒原。
他们的道路荆棘丛生,
那里就是永无止境的冬天。

因为只要哪里有阳光照耀,
只要哪里会降下甘霖:
婴儿就不会在那里挨饿,
贫穷也不会威吓着心灵。①

另外,还有狄更斯(Dickens)《雾都孤儿》(*Oliver Twist*)的开篇部分。工厂里的男孩子们在饥饿的驱使下,决定派出一个去抗议伙食不好。他们抓了阄,奥利弗(Oliver)被选上了。

---

① [译注] 布莱克,《天真与经验之歌》,杨苡译,南京:译林出版社,2009,页81。

到了傍晚时分,孩子们纷纷就座。大师傅系着厨子的围裙在锅旁一站,充当助手的贫妇站在他后面。粥都分到了,毫不费时的食事之前冗长的感恩祷告也做了。碗里的粥已一扫而光,孩子们开始交头接耳,向奥利弗挤眉弄眼,离他最近的就用胳膊肘碰碰他。他虽是个孩子,却已经被饥饿和痛苦逼得不顾一切,铤而走险。[17] 他从饭桌旁站了起来,拿着碗和汤匙走到大师傅跟前,对于自己这样胆大妄为自己也有些吃惊地说:

"对不起,先生,我还要。"

大师傅是个健壮的胖子,可是他竟顿时面色煞白,呆若木鸡。他向这个造反的小家伙凝视半晌,然后倚在锅灶上,靠它支住身子。那几名助手由于惊愕,孩子们则由于紧张,一个个都不能动弹。

"什么?!"大师傅终于开了口,声音相当微弱。

"对不起,先生,"奥利弗重复了一遍,"我还要。"①

这两个选段虽然形式不同,但抗议是一样的,也都足够惊人,可以让很多人注意到,两个都有成为神话的潜力。如果要我说哪个更突出,我会指出布莱克的这行"竟让那冰冷的放债的手来喂养?"虽然狄更斯的小说十分生动,让人佩服,但是这句具有更爆炸性的材料。可布莱克需要等上百年才能吸引大量读者的注意,而狄更斯是在当时大众追随《匹克威克外传》(*the Pickwick Papers*)的热潮中写作和出版这本书的。奥

---

① [译注] 狄更斯,《雾都孤儿》,荣如德译,北京:中国对外翻译出版公司,2009,页12。

利弗索要食物的情节迅速推动了人们对社会恶行的讨伐,使得这段最终成为维多利亚时代的神话,它激起的民愤助它到达了神话的巅峰。

  如果有时间的话,我也会乐于讲讲那种从属于正在发生作用的神话体系的文学。我会将它们与阿诺德(Matthew Arnold)在今天饱受指责的主张——用诗歌替代宗教联系起来,因为这样的诗歌,且仅有这样的诗歌,才可能像宗教一样影响人的行为。[18] 当今社会,家的传统和它在文化上的支配地位已经式微,广泛普及的教育和大众娱乐的影响力越来越大。这种态势下,群体观点如何通过该群体喜爱的文学来塑造为己所用的神话。但这些内容需要另外一套讲座来说明。本系列讲座中,我虽然也偶尔提及神话文学,但主要内容还是:需要神话支撑的文学,阐释、印证神话的文学,极度忠实于神话、不摒弃神话的文学,它从神话里衍生,然后又代替神话。

第三章 两个都铎神话

1 前　言

　　[45] 伊丽莎白时代的人不像我们现在这样与历史保持距离。他们不在乎客观性，像在自然场景中找到人心理状态的象征一样，把过去的事件与当下的道德和政治问题关联起来，从过去伟大人物的行为上找出当前伟人应该遵循或者避免什么。他们认为过去的事件能显示普遍的因果原则，并希望以此指导国家事务的运行。当然，大家因为普鲁塔克写的人物传记具有娱乐性而喜爱阅读，但同时，人们也非常严肃地看待这些传记，视其为模范行为的最佳大全。《行政官宝鉴》里记载了伟人们普遍的悲剧结局，它满足了心智简单的人们追求忧郁的猎奇心理（这些人实际上非常乐观快乐），同时，该书也被视为其时代政治的行为参考。一般认为，当时的君主如果能阅读此书并认真学习这些故事中凸显的经验教训，就更能避免错误，做出正确的决定。人们更认为：一定可以从过去历史的演进方式中吸取教训。如果王族的某一代发生了什么，那它也一定会在隔代发生。[46] 这种想法也被赋予了现实意义。如此思考的伊丽莎白时代的人，比其他时代的人们更容易孤立出某些政

治事件或者观念,赋予其重要地位,换句话说,把它们制造成神话。

本章主要讲两个政治神话,它们分别出自截然不同的缘由:第一个为了解决亨利七世王位的合法性不够的问题;第二个源于玫瑰战争(the Wars of the Roses)给人们带来的战争恐惧。

2　血统的神话

亨利七世的祖父欧文·都铎(Owen Tudor)来自威尔士的一个名门望族,但不是贵族。因为母亲的家族,与葛兰道厄(Owen Glendower)攀上了关系,也就是著名的莎士比亚《亨利四世》里的奥温·葛兰道厄。葛兰道厄的儿子为亨利五世工作,很有可能通过他,欧文得以在朝堂上有了一席之地。欧文可能与在阿金库尔(Agincourt)战役转投法军的威尔士家族有关联,但他站在了亨利的一边,直到亨利去世,并在之后担任其遗孀凯瑟琳(Catherine de Valois)的衣帽官(Clerk of the Wardrobe)。① 这个凯瑟琳就是莎士比亚《亨利五世》中的凯瑟琳公主。并没有记载说明欧文如何赢得了国王遗孀的欢心,我们可以自由猜测。我倾向于认为这个威尔士冒险者有着威尔士人天生的口才,他找准了与凯瑟琳共有的流亡感——两人都处在头脑迟钝的英国人当中,从这个角度攻破,直到两人都认

---

① [译注] 衣帽官出现在中世纪,原为国王管理铠甲、衣物、珠宝等,与国王的关系紧密,后来演变成管理国王和皇家开支的官职。

为对方的陪伴不可或缺。无法确定两人是否正式结婚，但凯瑟琳给他生了三个儿子，两个女儿。[47] 不管孩子是否婚生，议会后来仍然将其认定或重新认定为皇家的合法子嗣。亨利六世未成年的时候，他的同母异父弟弟们的地位还岌岌可危，但他成年后伸出橄榄枝，把最大的弟弟爱德蒙（Edmund）封为里士满伯爵，并为其安排了与兰卡斯特贵族玛格丽特（Lady Margaret Beaufort）的婚姻。这二位就是亨利七世的父母，但亨利身份的合法性问题并不只是出自父亲爱德蒙这一方，还有母亲玛格丽特，她的先祖是爱德华三世（Edward III）的儿子冈特的约翰（John of Gaunt）的第三任配偶凯瑟琳（Catherine Swinford）的孩子，也是非婚生，地位后来才被议会承认。还有，即便玛格丽特的兰卡斯特贵族继承人的地位得到承认，但后来亨利成为国王后娶了约克的伊丽莎白（Elizabeth of York），她是爱德华四世的女儿，人们也可以认为她被剥夺了本应有的君主地位。

血缘来路显得薄弱，亨利后来用制造神话的方法加强自身合法性，也就不足为奇了。我们不知道这是否是他自己的主意，如果是的话，很符合他的性格。亨利登陆米尔福德港（Milford Haven）加冕，在到达的时候受到威尔士人无比热情的欢迎，他们认为亨利是威尔士人的杰出后代。这件事可能让亨利产生了制造神话的想法。在讲述亨利的神话之前，有必要说说这个时期和都铎时代对英格兰民族构成的不同看法。我们知道，盎格鲁－撒克逊人（Anglo－Saxon）占绝大多数，我们的政治机制和荣耀很多都来自撒克逊时代，[48] 但都铎时代大多数人对撒克逊人的感情却不会多于对不列颠人（Britons）和诺曼人（Normans）。蒙默思的杰弗里（Geoffrey of

Monmouth）的《不列颠国王史》（*Historia regum Britanniae*）让他们比我们更了解不列颠人的辉煌历史。这部书于12世纪完成，讲的是不列颠国王的祖先故事，认为其祖先有特洛伊血统，是埃涅阿斯的曾孙勃鲁托斯（Brutus）。书中记载了基督诞生之前的不列颠国王，包括李尔王在内，以及基督诞生之后的亚瑟王与其骑士的荣光。一些具有批判精神的人常质疑这些传说的真实性，但传说受到英格兰和威尔士普通人喜爱，他们觉得这些故事具有指导意义，并且认为自己与亚瑟王有所关联，而亚瑟王是中世纪九大名流（Nine Worthies）之一，值得与之攀上关系。《亨利五世》中老板娘说福斯塔夫（Falstaff）没死："不！他当然不在地狱里！如果有人进得了亚瑟的怀抱，那准是他！"也就是这种崇尚阿尔比恩（Albion）——古大不列颠的风潮，才使亨利可以推行他的第一个英格兰神话。

这个神话分为两部分。第一部分与亚瑟王有关。亚瑟王传奇的一个细节是，像巴巴罗萨（Barbarossa）和基臣那尔（Kitchener）将军的传说一样，他没有死，会在合适的时间再出现。亨利七世引导人们认为都铎王朝实现了这个传奇。他虽然没有说自己是亚瑟王转世，但希望王朝重复亚瑟王时期不列颠的光辉岁月，因此也将长子取教名为亚瑟。这个神话的第二部分是亨利制造自己的传奇。[49] 历史上的人物卡德瓦拉德（Cadwallader）被称为"天佑之人"，他是在英格兰生活的威尔士人，于公元664年去世。蒙默思的杰弗里写了很多关于他的故事，称其父亲卡德瓦拉（Cadwalla）出自威尔士皇族，从父亲那里继承了亨伯河（the Humber）以南的所有英格兰领土，杀掉了诺森伯兰（the Northumbrians）国王埃德温（Edwin），最终拿下整个英格兰，并统治达四十八年之久。其子卡德瓦拉德继位，他也是统一岛国的最后一位国王。亨利七世自称是卡德瓦拉德的后代。安德烈亚斯（Bernardus Andreas）写的亨利生平可以显示，亨利七世本人非常严肃地对待这一声明。安德烈亚斯曾被称为"图卢兹的安德烈"（André of Toulouse），他在亨利流亡于布列塔尼（Brittany）和法国的时候与之交好，也可能跟随亨利登陆米尔福德港。亨利以胜利者的姿态进入伦敦时，他也陪在身边，并被封为桂冠诗人，成为亨利长子亚瑟的教师。安德烈也在自己写的历史中自称为皇家历史学家。可以确定，安德烈所写的就是亨利希望他写的，而书中的一个举动就是夸大主人的血统，也做得十分完善，让亨利七世有着高贵的先祖，超越了以往和现在的任何基督教君主。安德烈的主要论据就是亨利是卡德瓦拉德的后裔，也因此是建立了不列颠民族的勃鲁托斯的后代。

亨利的创造看似荒唐，但却起了作用，其影响力不仅限于整个都铎时期，也延续到了斯图亚特王朝（the House of Stuart），直到内战。

这个最早的都铎神话只给了一部伟大文学以灵感——斯宾塞的《仙后》。[50]就这个话题，已经有详细复杂的论述，尤其是在格林劳（Greenlaw）的经典著作《斯宾塞的历史寓言探究》（Studies in Spenser's Historical Allegory）中。此处讲座如果继续探讨这个话题会显得比例失调，因此我将它省略，取而代之的是在两处没有《仙后》知名的作品中探索这个神话的流行。

华纳（William Warner）的《阿尔比恩的英格兰》（Albion's England）是一首长篇叙事诗，主要讲述从诺亚到伊丽莎白女王的历史。它不对今人的胃口，但在当时却十分受欢迎。这首诗和戈尔丁（Arthur Golding）翻译的奥维德一样，每行有十四个音节，自1586年出版起，至少到1602年的最终扩充版之间都十分风靡。1598年，米尔斯（Francis Meres）称此诗是英式史诗的例子，能够与外邦杰作相媲美，并说他知道牛津和剑桥两所大学最有学识的人都称华纳为英格兰的荷马。《阿尔比恩的英格兰》并无多少文学吸引力，但却有社会学价值，因为它记述了其时代的中心和典型。它着重点强调了第一个都铎神话的内容，我们据此可以断定伊丽莎白时代的人一定也很看重这个神话。华纳讲述了凯瑟琳王后丧夫后如何向地位低于她的衣帽官倾吐爱恋。欧文很快意识到了问题，安抚王后说二人的地位差别不像她想的那样。虽然他的财富的确比不上王后，

> 然而（我将挥去神秘迷雾的笼罩，
> 将我思想的小舟驶入您哀切的眼前）
> 如果高贵地位有助于我，夫人，
> 我有来自卡德瓦拉德的血统。

> [51] 如果说我缺少财富，我却说您不缺金银，
> 我的爱是增补，为了您的康健。

华纳的诗显示欧文确实可以得益于他的福分。后面写到波士委战役（the Battle of Bosworth）的时候，华纳称埃涅阿斯的后代不必再"抱怨是遗孤"，这也就和图卢兹的安德烈的做法如出一辙，让亨利七世加入了蒙默思的杰弗里笔下的、有着辉煌历史的家族族谱。

和《阿尔比恩的英格兰》一样流行的，还有德雷顿（Drayton)的《英格兰英雄书信》(*England's Heroical Epistles*)。它初次出版于1597年,模仿了奥维德的《女杰书简》(*Heroides*),使用英雄双行体,比华纳的更具可读性。书信中有一封是凯瑟琳王后写给欧文的,而下一封就是欧文的回信。凯瑟琳信中说她理解欧文血统的高贵,甚至极力阐释为何她的伟人亲属们(她的父亲、丈夫和弟弟都是国王)都不能说他俩的婚姻不门当户对。约翰王(King John)和爱德华一世的孩子都与威尔士的卢埃林皇族(Llewelyns of Wales)联姻,因此

> 展示了你的血统和族群的荣光,
> 与皇族的血缘。
> 威尔士,和骄傲的英格兰一样,
> 声称自己拥有**卡梅洛特**(Camelot)和她的神灵,
> 于首领的争夺中占据先机,
> 在亚瑟王的桌前争夺这地界。

欧文在回信中也同样强调:

> 我们伟大的**梅林**(Merlin)就说过,
> (这属于他神圣的预言),
> [52] 他预测都铎的名字会贵为神圣,
> 这血统中将会出现国王与王后,
> 那头盔(都铎家族古老的顶饰)
> 应用金灿灿的鸢尾花装点,
> 韭葱(我们国度里的名株)
> 应与英格兰王冠上的玫瑰一同生长。

除此之外，还有很多对都铎血统的阐述，也记叙了威尔士的荣光——抗击侵略者、在撒克逊、北欧和诺曼入侵中仍然保持了本民族的语言。

我们很难相信，都铎家族是虚构的古英国国王后代这个粗糙的编造竟然会有神话的效力。如果说它是一小部分学者探究的话题，还可以让人接受，但说它是人们在家和酒馆进行严肃讨论的主题，且口口相传，这貌似不可能。据猜测，这个神话确实在当时真实活跃着的一个原因是，当时大众娱乐活动中处于重要地位的盛典里都有它的身影，例如加冕时的演出、婚礼、新生和皇家出行等等。我们无从知道这个神话到底活跃到什么程度，但可以肯定的是，它的生命力远超我们可接受的现代标准。不然，怎么理解下面这件事？狄博士（Dr. John Dee），威尔士人，圣三一学院的教师，著名的数学家、宇宙学家，王后的密友，相信格陵兰岛（Greenland）和埃斯托地岛（Estotiland），甚至纽芬兰岛（Newfoundland）都曾经是亚瑟王的领地，也因此都属英国。① 这就是该神话的实际应用。

3 天定神话

[53] 抛开第一个都铎神话的生命力不说，我们不难理解第二个都铎神话的力量。它来自玫瑰战争的记忆，基于不要重复这段历史的希望。当都铎家族制造或允许自己被制造

---

① 详见罗斯（A. L. Rowse），《伊丽莎白时代与美洲》（*The Elizabethans and America*, London: 1959），页 17–19。

成一个包含这些记忆和希望的历史神话时，他们便成功制造了一个我们可以理解的神话，并很成功，让人相信它能够长存。简单来说，这个神话就是：都铎家族被上天指派，来为内战做了个了断，引领国家走出残忍的暴政、走向安宁，然而需要等到亨利八世的时代，那就是全面实现该景象的时候。但从图卢兹的安德烈的作品可以看出，亨利七世就已经开始实现这个景象了。安德烈讲述了里士满伯爵和理查三世在波士委战役前的讲话（讲话可能是虚构的，但很有可能是莎士比亚《理查三世》中讲话的原型）。他让里士满吐出："我们不想用刀剑、烈火、抢夺毁掉这国度，我们希望将它从暴政中解放出来。"同时，理查王号召大屠杀，尤其是要无情地杀害里士满，或者生擒，以让他遭受闻所未闻的折磨。这其实就是天定神话的胚芽。

天定神话在巩固都铎统治中的实际作用，以及后来的作品对该神话的支持，非常明显，无需力证。

［54］各种记述英国历史的书籍都记载了理查二世时期的动荡、亨利五世的繁华、玫瑰战争的悲惨，以及都铎王朝的和平。这其中，数亨利八世时期霍尔（Hall）的版本最为完整、最具哲思。它也是莎士比亚使用的版本。我在《莎士比亚的历史剧》中写了个总结，此处不再重复。需要指出的是，还有一些第二个都铎神话的版本，要比霍尔的简单得多。霍尔的版本仅在高知圈子中流行，大众并不关心他对因果的细致解读。较流行的版本是华纳的《英格兰全史概要》（*An Epitome of the Whole History of England*），在1602年版的《阿尔比恩的英格兰》中以附录形式出现。其中主要观点有：英国内战并不仅限于玫瑰战争，它始于理查二世，延续到并贯穿整个亨利

七世统治时期,直到亨利八世才得到终结。理查二世实在是自食其果,他的残暴是罪行,内战延续到他的继任者掌政时期。

亨利五世的统治是这段糟糕历史中的光荣插曲。内战在亨利六世在位期间、葛罗斯特公爵(Duke of Gloucester)和贝德福德公爵(Duke of Bedford)死后达到高潮。虽然亨利七世时期,内战有几次不成功的复燃,但是转折点出现在他的前任理查三世统治时期。这个时期,天意体现得最为明显。理查王是无与伦比的恶人,[55]是毫无信仰的篡位者,嗜血的暴君,人们应该送他去见上帝或者魔鬼,祈祷和诅咒一直都在。这个上帝抛弃的人有着最强烈的虚伪,背负着无数可恶的谋杀罪,擅自夺取王国,做起了残暴的君主,以致贵族当中很多人逃离这片土地,大部分朝廷官员出走,所有人都期望更好的时代和自身的安全。

虽然亨利七世不是内战的终结者,但他也是上帝在结束内战过程中的主要代理人。华纳这样写波士委战役中理查三世的最终结局:

> 可以看到,万能的上帝不可捉摸,他要是乐意,可以从最坏的事物中制造最好的结果。这个暴君无意间铲除了很多当时可能、也可以成为国君候选人的家族(他可不会有意为共和国做这样的好事),只有一个家族的唯一一位男性继承人和另一个家族的唯一一位女性继承人幸存下来,两人都能够但都没有结婚。他的统治如此令人厌恶,致使这两个原本不合作、在各种事物上并不同心的家族,出于必要,联合起来对付共同的敌人。长期流血的内战是海德拉(Hydra),而这场机缘巧合的婚姻建立起来的联

盟，筹划并最终终结了内战，就成了阿喀琉斯。①

要是严格阐释华纳的比喻，不但亨利七世和约克的伊丽莎白的婚姻是阿喀琉斯，[56]婚姻的后续结果也是，它让亨利八世成了合法君主，最为显著地完成了上帝的目的，把英格兰从教皇桎梏中解放出来。伊丽莎白女王延续了伟大的都铎传统，让这片土地远离天主教这个暴君，避免内战的危险，因为宗教纷争是引发内战的最危险的武器。

第二个都铎神话就是以这样或其他一些简单形式为英格兰全民所有。散布开来后，它既是有力的政治武器，又是流行文学的潜在素材，最会开发这个潜能的人是莎士比亚。

从1564年出生起，莎士比亚就暴露在这个都铎神话的影响下，他成长的塑形期也是该神话经受最严苛考验的时期。1568年，被天主教极端分子认定为英格兰王位合法继承人的苏格兰玛丽女王（Mary Queen of Scots）在伊丽莎白这里避难，预示着宗教纷争将不断挑战现有格局。1569年和1570年，北部天主教贵族领导起义。莎士比亚五六岁的时候，很可能看到政府的镇压军从斯特拉特福德（Stratford）经过。这些起义促成了新的宣道书——《反对抗命和有意叛乱》（Against Disobedience and Wilful Rebellion），所有教堂都需诵读。第二次起义的同年，罗马教皇把伊丽莎白女王逐出教会，从而让暗杀女王

---

① [译注]海德拉是希腊神话中的蛇形怪物，有多个头，并且当被砍掉一个之后还会自生，是赫拉（Hera）为杀阿喀琉斯所养，但最终被阿喀琉斯杀死。搏斗过程中，赫拉派出蝎子分散阿喀琉斯的注意力，但蝎子也被杀死。后来，赫拉把海德拉变为长蛇座，把蝎子变为巨蟹座。

的行动在天主教徒那里可以被视为虔诚的举动。1572 年，莎士比亚八岁。[57] 英格兰地位最高的贵族诺福克公爵（the Duke of Norfolk）因与天主教合谋驱除伊丽莎白、扶植玛丽而被处死。同年发生巴黎圣巴塞洛缪大屠杀（Massacre of St. Bartholemew）。对神话的考验一直持续到玛丽被处死和稍后战胜西班牙无敌舰队。因此，莎士比亚成长的关键时期也是都铎神话面对威胁而生发出新活力的时期，威胁最终服务于验证并巩固这个神话。

  无从证实，但可以确定，那些年里，成长和塑形期的莎士比亚从周围人的讨论和教堂教义里听来了都铎神话，又通过阅读霍尔的《编年史》（*Hall's Chronicle*），补充了对这个神话的认识。霍尔作品中的政治观点贯穿在莎士比亚的历史剧中，尤其是其早期四部曲——《亨利六世》三篇和《理查三世》。如果说作品的起源和分量都能得益于整个社会所相信的一个神话，那四部曲就是很好的例子。这也不是什么离奇的事。天才不管如何具有独创性，在创作初期也都需要传统规范和大众熟悉的主题支持。当他的地位逐渐上升，所需要的这种支持就愈发减少。当他完全成熟，就不再使用现有的神话，而会去制造神话。莎士比亚完美地体现了这个过程。

  早期的莎士比亚有丰富的潜能，但还未成熟，仍旧在成长，需要现有的神话和其背后的大众支持，以此来获得决定了《亨利六世》系列剧高品质的宏大概念和高贵形态。[58] 虽然缺点也很明显，但他显示了一种自信，知道自己做的是对的，这也很神奇地让他的缺点显得不那么严重。后来的《理查三世》里，除了某些失误，莎士比亚达到了此类写作的完美状态。

  此处我将略去《亨利六世》系列剧，仅讨论《理查三世》，以支撑我的观点。虽然莎士比亚做了个性化的改变，但这部剧里的理查还是神话中的那个恶魔。个性化的改变让人物更生动，并不是为了让他与神话划分界限。理查这个人物非常重要，却不是全剧的中心，全剧的中心和之前三部剧一样，落在祖国和她的命运上。莎士比亚也不想以人物为中心。虽然他偏爱塑造生动的人物形象，但乐于让鲜明的人物性格遵从上帝那不带个人色彩的旨意。现实需要服从天数，作者的任性改编需要融入他乐于尊重的大众的观点中。

戏剧的结尾尤为明显地体现了这些因素。该部分严格遵照神话的内容。其中的一个细节就是原来敌对双方因为理查的残暴而结盟，上文提到华纳也讲过。莎士比亚对这个细节的运用达到了我前面所说的完美。他让理查的母亲加入对方阵营并诅咒儿子。霍尔的《编年史》中没有类似内容。母亲的最后演说是真正的莎士比亚式的，看似温和，实则热烈，完全且自愿地服从公共主题：

[59] 公爵夫人：愿天公有眼，你在这一次战争中休想得胜，也不得生还；否则我宁可年迈心碎而死，而不愿再见到你的面。现在要你听取我最凶恶的咒诅，让你在交战之际感到心头沉重，重过你全身的铠甲！我要为你的敌方祈祷，向你攻击，让爱德华孩儿们的小灵魂在你敌人的耳边鼓噪，预祝他们成功，赋予他们胜利。你残杀成性，终究必遭残杀；生前有臭名做伴，臭名还伴随你死亡。（第四幕第四场）

莎士比亚扩充了约克郡人摒弃理查王的主题，让理查王在波士委战役前夜的睡梦中看到他下令残杀的兰卡斯特和约克郡人民的幽灵。在《编年史》中,他见到的不是死人的幽灵,而是"各种可怕的形象,似乎要把他扯开,让他不得安宁"。莎士比亚把这些不明的可怕意象转换成我们在《亨利六世》中知道的人物幽灵,并让他们举行严肃的恐吓和赐福仪式,不单单给理查王看,而是给睡梦中的双方将领看。仪式中当然有很多熟悉的重复,但莎士比亚做了细微的变化,让这个场景达到了至美。亨利六世的幽灵对对手们说:

我在人世的时候,这涂过香膏的玉体被你戳刺,满身刀痕创伤;[60] 应记取我和伦敦塔;你绝望而死吧!亨利六世愿你绝望而死。(对里士满)厚德而圣洁的人,你将是个战胜者!亨利预祝你登上王位,趁你在睡眠时特来慰劳你;愿你昌达而生!(第五幕第三场)

克劳伦斯(Clarencc)的幽灵接着说:

明天我要重压在你的心头!我被你淹死在酒窖之中,我这可怜的克劳伦斯被你阴谋害死了!明天你在战场上想起我来,你的钝刀就要落地;愿你绝望而死!(对里士满)你这兰开斯特王室的苗裔,约克的含冤王孙要为你祈祷;愿天使保卫你战场顺利!愿你昌达而生!(第五幕第三场)

和公爵夫人的演说一样,莎士比亚在这里所写的是美的,他并没有沦为公众强烈情感的传声筒,但他也是自愿忠于这重要的神话。最后几行彰显了他的忠实。此处,扁平人物里士满用传统但却最感人的语言既总结了过去的事件,又是都铎神话在其当代的直接应用。像约克圣体剧（The York Corpus Christi Plays）中捣毁地狱那部分的作者一样，① 莎士比亚在结尾让里士满向剧中人物演说，同时也说给剧外观众听。

> 我国人颠沛连年，国土上疮痍满目；兄弟阋墙，阄下流血惨祸，[61] 为父者在一怒之间杀死亲生之子，为子者也毫无顾忌，挥刀弑父；凡此种种使得约克与兰开斯特两王族彼此叛离，世代结下深仇，而今两家王室的正统后裔，里士满与伊丽莎白，凭着神旨，互联姻缘；上帝呀，如蒙您恩许，愿我两人后裔永享太平，国泰民安，愿年兆丰登，昌盛无已！仁慈的主宰，求您莫让叛逆再度猖狂，而使残酷岁月又蹈覆辙，在我国土上血泪重流！愿您永远莫让叛国之徒分享民食！今日国内干戈息，和平再现；欢呼和平万岁，上帝赐万福！（第五幕第四场）

到达某种完美之后，莎士比亚不能再复制完美，他已经登上了顶峰，只能往回走。可能他也因此不再继续书写都铎神话，放弃像霍尔那样去写亨利八世的辉煌。当他再一次转向历史剧的时候，已经过了可以完全把自己交给神话的时期了。《理查二世》和《亨利四世》中，莎士比亚展现了他日渐扩展的天才的新广度。神话与其他事物同在。莎士比亚可以做到不背离神话，因为这段历史时期的神话本身也没有精确的细节，[62] 所以当他把其中一支扩充，创造出福斯塔夫和同伴们的

---

① [译注] 约克圣体剧是在圣体节（意为基督的圣体）庆祝时表演的剧目，共有47个，分别讲述从创世到末世审判的圣经故事，捣毁地狱是第37号剧目。圣体节在三一节（Trinity Sunday）后的周四。

故事,并不算对神话的冒犯。但是在下部作品,冲突就出现了。亨利五世是完美的君主,受人民爱戴,这是大神话系统中一个分支,影响深远,不能被忽略或更改。也许莎士比亚不愿臣服于这个神话的限制,甚至憎恶这些必需的限制,才导致了该剧的一些缺陷。

莎士比亚走过的路不仅包含去除对神话的依赖,还有学习制造神话。他用夏洛克(Shylock)增补了英国的神话。另一个添加是福斯塔夫。福斯塔夫不仅仅是增补,他还带来了新的自由。一旦看剧的人喜爱福斯塔夫,莎士比亚就可以让观众接纳自己的创作,甚至包括一丝不苟的《科利奥兰纳斯》。这种作者与观众的关联状态,几年前在剑桥大学也发生过。当时剧院冒冒失失地上演了艾略特(T. S. Eliot)的《家庭聚会》(*The Family Reunion*)。上演日期是在死寂的长假中,本科生都不在学校。我去了以后竟发现剧院满座,但来的并不是我以为能喜欢这部剧的那些观众,其中一些是当地工厂的工人,拿了赠票。可是观众不但尊敬这部剧,还对它非常着迷。你可以想象他们自言自语:"这可是好东西。我虽然不知道它究竟讲了什么,但还是可以学到一些东西。我很高兴来看了。"后来我突然想起来他们为什么愿意来看,[63]因为艾略特写过《大教堂里的谋杀案》(*Murder in the Cathedral*),该剧绝对抓住了大众的想象力。回到莎士比亚身上,我不是说他摒弃了戏剧艺术的传统,因为他随时都能在传统范围内写作,但这和接受神话的辅助不一样。《哈姆雷特》就是典型的伊丽莎白时代的复仇剧,但同时也是莎士比亚对英国国家神话做出的杰出贡献。

我非常惊讶于莎士比亚进化的路程是如此恰当,他利用好了面前的每次机会，需要帮助的时候不会因为骄傲而拒绝，而在过了需要帮助的时期，他的独立精神也让他不再继续接受帮助。莎士比亚是绝佳的机会主义者，但没有机会主义附带的狡猾欺诈。在神话这件事上，他是完美的模范，展示了如何使用神话以及之后如何制造神话。

以上大致讲了神话对莎士比亚的意义和他如何利用神话，下面用一个细节结尾。可以确信，莎士比亚既相信都铎神话的萌芽形态，也相信霍尔书中的详尽阐释。如上文所述，亨利八世的统治也是都铎神话的有机组成部分。但是为什么莎士比亚写完《理查三世》就不再写亨利八世了？又为什么，不写了之后却在戏剧生涯的末尾，重新拾起这个主题？人们通常注意不到这些问题。《亨利八世》本身的谜团足以满足人们的好奇。第一个谜团当然是作者是谁。

直到最近，人们都还认为这是莎士比亚和弗莱切两个人的合作。[64]但现在大家倾向于相信第一部全集（the First Folio）和其编辑，认为编辑们当时知道实情和应该选什么进入全集。《亨利八世》就在这第一部全集里。最近的编辑福克斯（R. A. Foakes）认为莎士比亚写了整部剧。我不想参与到争论中，但至少相信这部剧是莎士比亚的主意，不管他是不是写了每个场景、每句话，整个内容还是他的构思。如果读者接受我的这个想法，那我将继续讲述第二个微小却重要的谜团——开场白（还没见过有人谈及它）。为什么开场白不足以涵盖接下来的内容？它警告观众，该剧极度悲怆：

  又严肃、又重要，
  庄严、崇高、动人、煊赫、沉痛，

> 一派尊贵景象，管叫你泪水纵横。

接着，开场白说剧里没有任何嬉戏和淫秽，最后以重复并强调开头作结尾，说此剧让人沉郁，讲的是伟人在最得意之时，

> 然而，顷刻之间，
> 山颓木坏，堕入悲惨的深渊。
> 列位看过这戏，如果还觉快活，
> 那么洞房花烛夜，也不妨痛哭。

全剧看下来，它是否让人沉郁还有待商榷。该剧虽然与《行政官宝鉴》的模式相像，但却不是另一个《行政官宝鉴》。开场白中说没有欢笑和淫秽也是不对的，例如第二幕第三场中安（Anne Bullen）和老妇人的对话。该剧在发展过程中由悲怆转向繁华。克兰默（Cranmer）逃脱了惩罚。[65] 另外还有盛大的加冕仪式。安和克伦威尔正风光无限。全剧以黄金时代将到来的预言结束。杰出人物的陨落也用他们谦卑地接受命运转折来缓和。这已经让全剧不再是《行政官宝鉴》那样的粗糙的情节剧。可以猜想为什么开场白和剧的实际内容不符。开场白可能写给早期构想的、描述亨利八世时期杰出人物陨落的剧。

不管怎样，开场白覆盖不了的那部分剧的内容，补上了莎士比亚《理查二世》到《理查三世》中间一系列剧中没有涉及的那部分都铎历史神话。亨利突出体现为英格兰无法撼动的国王，虽然他冲动鲁莽，有时举棋不定，但大体上仍是明君。剧里有强烈的新教口吻，认为宗教改革是好事。对伊丽莎白母

亲的热烈赞扬和克兰默在接近结尾时候的演说极尽描绘未来伊丽莎白女王和她的黄金时代的荣耀。虽然全剧里，莎士比亚完全是晚期风格，但还是让人忍不住认为那些光辉繁华的场景是他很多年前就想写的。可能有什么时局原因让莎士比亚重新写起了政治剧，但我想他如果不是脑中已经埋下了种子，是不会在晚期写这样一部剧的。这些种子在脑中休眠，一旦被激活，便躁动不安、蠢蠢欲动，直到发芽结果。

图书在版编目（CIP）数据

伊丽莎白时代的世界图景/(英) 蒂利亚德(E. M. W. Tillyard)著；裴云译.--北京：华夏出版社有限公司，2020.10
（西方传统：经典与解释）
ISBN 978-7-5080-9973-6

Ⅰ.①伊… Ⅱ.①蒂… ②裴… Ⅲ.①英国－中世纪史－研究 Ⅳ.①K561.3

中国版本图书馆CIP数据核字(2020)第120163号

伊丽莎白时代的世界图景

作　　者	［英］蒂利亚德
译　　者	裴　云
责任编辑	马涛红
责任印制	刘　洋
出版发行	华夏出版社有限公司
经　　销	新华书店
印　　刷	北京汇林印务有限公司
装　　订	北京汇林印务有限公司
版　　次	2020年10月北京第1版 2020年10月北京第1次印刷
开　　本	880×1230　1/32
印　　张	9.25
字　　数	208千字
定　　价	69.00元

华夏出版社有限公司　地址：北京市东直门外香河园北里4号　邮编：100028
网址：www.hxph.com.cn　电话：(010)64663331(转)
若发现本版图书有印装质量问题，请与我社营销中心联系调换。

西方传统：经典与解释
Classici et Commentarii
HERMES
刘小枫◎主编

古今丛编

克尔凯郭尔 [美]江思图 著
货币哲学 [德]西美尔 著
孟德斯鸠的自由主义哲学 [美]潘戈 著
莫尔及其乌托邦 [德]考茨基 著
试论古今革命 [法]夏多布里昂 著
但丁：皈依的诗学 [美]弗里切罗 著
在西方的目光下 [英]康拉德 著
大学与博雅教育 董成龙 编
探究哲学与信仰 [美]郝岚 著
民主的本性 [法]马南 著
梅尔维尔的政治哲学 李小均 编/译
席勒美学的哲学背景 [美]维塞尔 著
果戈里与鬼 [俄]梅列日科夫斯基 著
自传性反思 [美]沃格林 著
黑格尔与普世秩序 [美]希克斯 等著
新的方式与制度 [美]曼斯菲尔德 著
科耶夫的新拉丁帝国 [法]科耶夫 等著
《利维坦》附录 [英]霍布斯 著
或此或彼（上、下） [丹麦]基尔克果 著
海德格尔式的现代神学 刘小枫 选编
双重束缚 [法]基拉尔 著
古今之争中的核心问题 [德]迈尔 著
论永恒的智慧 [德]苏索 著
宗教经验种种 [美]詹姆斯 著
尼采反卢梭 [美]凯斯·安塞尔-皮尔逊 著
舍勒思想评述 [美]弗林斯 著
诗与哲学之争 [美]罗森 著
神圣与世俗 [罗]伊利亚德 著
但丁的圣约书 [美]霍金斯 著

古典学丛编

赫西俄德的宇宙 [美]珍妮·施特劳斯·克莱 著
论王政 [古罗马]金嘴狄翁 著
论希罗多德 [古罗马]卢里叶 著
探究希腊人的灵魂 [美]戴维斯 著
尤利安文选 马勇 编/译
论月面 [古罗马]普鲁塔克 著
雅典谐剧与逻各斯 [美]奥里根 著
菜园哲人伊壁鸠鲁 罗晓颖 选编
《劳作与时日》笺释 吴雅凌 撰
希腊古风时期的真理大师 [法]德蒂安 著
古罗马的教育 [英]葛怀恩 著
古典学与现代性 刘小枫 编
表演文化与雅典民主制
[英]戈尔德希尔、奥斯本 编
西方古典文献学发凡 刘小枫 编
古典语文学常谈 [德]克拉夫特 著
古希腊文学常谈 [英]多佛 等著
撒路斯特与政治史学 刘小枫 编
希罗多德的王霸之辨 吴小锋 编/译
第二代智术师 [英]安德森 著
英雄诗系笺释 [古希腊]荷马 著
统治的热望 [美]福特 著
论埃及神学与哲学 [古希腊]普鲁塔克 著
凯撒的剑与笔 李世祥 编/译
伊壁鸠鲁主义的政治哲学
[意]詹姆斯·尼古拉斯 著
修昔底德笔下的人性 [美]欧文 著
修昔底德笔下的演说 [美]斯塔特 著
古希腊政治理论 [美]格雷纳 著
神谱笺释 吴雅凌 撰
赫西俄德：神话之艺
[法]居代·德·拉孔波 等著
赫拉克勒斯之盾笺释 罗逍然 译笺
《埃涅阿斯纪》章义 王承教 选编
维吉尔的帝国 [美]阿德勒 著
塔西佗的政治史学 曾维术 编

古希腊诗歌丛编
- 古希腊早期诉歌诗人 [英]鲍勒 著
- 诗歌与城邦 [美]费拉格、纳吉 主编
- 阿尔戈英雄纪（上、下）
  [古希腊]阿波罗尼俄斯 著
- 俄耳甫斯教祷歌 吴雅凌 编译
- 俄耳甫斯教辑语 吴雅凌 编译

古希腊肃剧注疏集
- 希腊肃剧与政治哲学 [美]阿伦斯多夫 著

古希腊礼法研究
- 宙斯的正义 [英]劳埃德-琼斯 著
- 希腊人的正义观 [英]哈夫洛克 著

廊下派集
- 廊下派的苏格拉底 程志敏 徐健 选编
- 廊下派的神和宇宙 [墨]里卡多·萨勒斯 编
- 廊下派的城邦观 [英]斯科菲尔德 著

希伯莱圣经历代注疏
- 希腊化世界中的犹太人 [英]威廉逊 著
- 第一亚当和第二亚当 [德]朋霍费尔 著

新约历代经解
- 属灵的寓意 [古罗马]俄里根 著

基督教与古典传统
- 保罗与马克安 [德]文森 著
- 加尔文与现代政治的基础 [美]汉考克 著
- 无执之道 [德]文森 著
- 恐惧与战栗 [丹麦]基尔克果 著
- 托尔斯泰与陀思妥耶夫斯基
  [俄]梅列日科夫斯基 著
- 论宗教大法官的传说 [俄]罗赞诺夫 著
- 海德格尔与有限性思想（重订版）
  刘小枫 选编
- 上帝国的信息 [德]拉加茨 著
- 基督教理论与现代 [德]特洛尔奇 著
- 亚历山大的克雷芒 [意]塞尔瓦托·利拉 著
- 中世纪的心灵之旅 [意]圣·波纳文图拉 著

德意志古典传统丛编
- 论荷尔德林 [德]沃尔夫冈·宾德尔 著
- 彭忒西勒亚 [德]克莱斯特 著
- 穆佐书简 [奥]里尔克 著
- 纪念苏格拉底——哈曼文选 刘新利 选编
- 夜颂中的革命和宗教 [德]诺瓦利斯 著
- 大革命与诗化小说 [德]诺瓦利斯 著
- 黑格尔的观念论 [美]皮平 著
- 浪漫派风格——施勒格尔批评文集 [德]施勒格尔 著

美国宪政与古典传统
- 美国1787年宪法讲疏 [美]阿纳斯塔普罗 著

启蒙研究丛编
- 浪漫的律令 [美]拜泽尔 著
- 现实与理性 [法]科维纲 著
- 论古人的智慧 [英]培根 著
- 托兰德与激进启蒙 刘小枫 编
- 图书馆里的古今之战 [英]斯威夫特 著

政治史学丛编
- 伊丽莎白时代的世界图景 [英]蒂利亚德 著
- 西方古代的天下观 刘小枫 编
- 从普遍历史到历史主义 刘小枫 编
- 自然科学史与玫瑰 [法]雷比瑟 著

地缘政治学丛编
- 克劳塞维茨之谜 [英]赫伯格-罗特 著
- 太平洋地缘政治学 [德]卡尔·豪斯霍弗 著

荷马注疏集
- 不为人知的奥德修斯 [美]诺特维克 著
- 模仿荷马 [美]丹尼斯·麦克唐纳 著

品达注疏集
- 幽暗的诱惑 [美]汉密尔顿 著

欧里庇得斯集
- 自由与僭越 罗峰 编译

阿里斯托芬集
- 《阿卡奈人》笺释 [古希腊]阿里斯托芬 著

色诺芬注疏集
居鲁士的教育 [古希腊]色诺芬 著
色诺芬的《会饮》 [古希腊]色诺芬 著

柏拉图注疏集
挑战戈尔戈 李致远 选编
论柏拉图《高尔吉亚》的统一性 [美]斯托弗 著
立法与德性——柏拉图《法义》发微 林志猛 编
柏拉图的灵魂学 [加]罗宾逊 著
柏拉图书简 彭磊 译注
克力同章句 程志敏 郑兴凤 撰
哲学的奥德赛——《王制》引论 [美]郝兰 著
爱欲与启蒙的迷醉 [美]贝尔格 著
为哲学的写作技艺一辩 [美]伯格 著
柏拉图式的迷宫——《斐多》义疏 [美]伯格 著
哲学如何成为苏格拉底式的 [美]朗佩特 著
苏格拉底与希琵阿斯 王江涛 编译
理想国 [古希腊]柏拉图 著
谁来教育老师 刘小枫 编
立法者的神学 林志猛 编
柏拉图对话中的神 [法]薇依 著
厄庇诺米斯 [古希腊]柏拉图 著
智慧与幸福 程志敏 选编
论柏拉图对话 [德]施莱尔马赫 著
柏拉图《美诺》疏证 [美]克莱因 著
政治哲学的悖论 [美]郝岚 著
神话诗人柏拉图 张文涛 选编
阿尔喀比亚德 [古希腊]柏拉图 著
叙拉古的雅典异乡人 彭磊 选编
阿威罗伊论《王制》 [阿拉伯]阿威罗伊 著
《王制》要义 刘小枫 选编
柏拉图的《会饮》 [古希腊]柏拉图 等著
苏格拉底的申辩(修订版) [古希腊]柏拉图 著
苏格拉底与政治共同体 [美]尼柯尔斯 著
政制与美德——柏拉图《法义》疏解 [美]潘戈 著
《法义》导读 [法]卡斯代尔·布舒奇 著

论真理的本质 [德]海德格尔 著
哲人的无知 [德]费勃 著
米诺斯 [古希腊]柏拉图 著
情敌 [古希腊]柏拉图 著

亚里士多德注疏集
《诗术》译笺与通绎 陈明珠 撰
亚里士多德《政治学》中的教诲 [美]潘戈 著
品格的技艺 [美]加佛 著
亚里士多德哲学的基本概念 [德]海德格尔 著
《政治学》疏证 [意]托马斯·阿奎那 著
尼各马可伦理学义疏 [美]伯格 著
哲学之诗 [美]戴维斯 著
对亚里士多德的现象学解释 [德]海德格尔 著
城邦与自然——亚里士多德与现代性 刘小枫 编
论诗术中篇义疏 [阿拉伯]阿威罗伊 著
哲学的政治 [美]戴维斯 著

普鲁塔克集
普鲁塔克的《对比列传》 [英]达夫 著
普鲁塔克的实践伦理学 [比利时]胡芙 著

阿尔法拉比集
政治制度与政治箴言 阿尔法拉比 著

马基雅维利集
君主及其战争技艺 娄林 选编

莎士比亚绎读
脱节的时代 [匈]阿格尼斯·赫勒 著
莎士比亚的历史剧 [英]蒂利亚德 著
莎士比亚戏剧与政治哲学 彭磊 选编
莎士比亚的政治盛典 [美]阿鲁里斯/苏利文 编
丹麦王子与马基雅维利 罗峰 选编

洛克集
上帝、洛克与平等 [美]沃尔德伦 著

卢梭集
论哲学生活的幸福 [德]迈尔 著
致博蒙书 [法]卢梭 著
政治制度论 [法]卢梭 著

哲学的自传 [美]戴维斯 著
文学与道德杂篇 [法]卢梭 著
设计论证 [美]吉尔丁 著
卢梭的自然状态 [美]普拉特纳 等著
卢梭的榜样人生 [美]凯利 著

莱辛注疏集
汉堡剧评 [德]莱辛 著
关于悲剧的通信 [德]莱辛 著
《智者纳坦》（研究版） [德]莱辛 等著
启蒙运动的内在问题 [美]维塞尔 著
莱辛剧作七种 [德]莱辛 著
历史与启示——莱辛神学文选 [德]莱辛 著
论人类的教育 [德]莱辛 著

尼采注疏集
何为尼采的扎拉图斯特拉 [德]迈尔 著
尼采引论 [德]施特格迈尔 著
尼采与基督教 刘小枫 编
尼采眼中的苏格拉底 [美]丹豪瑟 著
尼采的使命 [美]朗佩特 著
尼采与现时代 [美]朗佩特 著
动物与超人之间的绳索 [德]A.彼珀 著

施特劳斯集
论僭政（重订本） [美]施特劳斯 [法]科耶夫 著
苏格拉底问题与现代性（增订本）
犹太哲人与启蒙（增订本）
霍布斯的宗教批判
斯宾诺莎的宗教批判
门德尔松与莱辛
哲学与律法——论迈蒙尼德及其先驱
迫害与写作艺术
柏拉图式政治哲学研究
论柏拉图的《会饮》
柏拉图《法义》的论辩与情节
什么是政治哲学
古典政治理性主义的重生（重订本）

回归古典政治哲学——施特劳斯通信集
苏格拉底与阿里斯托芬

＊＊＊

施特劳斯的持久重要性 [美]朗佩特 著
论源初遗忘 [美]维克利 著
政治哲学与启示宗教的挑战 [德]迈尔 著
阅读施特劳斯 [美]斯密什 著
施特劳斯与流亡政治学 [美]谢帕德 著
隐匿的对话 [德]迈尔 著
驯服欲望 [法]科耶夫 等著

施米特集
宪法专政 [美]罗斯托 著
施米特对自由主义的批判 [美]约翰·麦考米克 著

伯纳德特集
古典诗学之路（第二版） [美]伯格 编
弓与琴（重订本） [美]伯纳德特 著
神圣的罪业 [美]伯纳德特 著

布鲁姆集
巨人与侏儒（1960-1990）
人应该如何生活——柏拉图《王制》释义
爱的设计——卢梭与浪漫派
爱的戏剧——莎士比亚与自然
爱的阶梯——柏拉图的《会饮》
伊索克拉底的政治哲学

沃格林集
自传体反思录 [美]沃格林 著

大学素质教育读本
古典诗文绎读 西学卷·古代编（上、下）
古典诗文绎读 西学卷·现代编（上、下）

柏拉图读本（刘小枫 主编）
吕西斯 贺方婴 译
苏格拉底的申辩 程志敏 译

中国传统：经典与解释
Classici et Commentarii

条亚肃肃
刘小枫 陈少明◎主编

《孔丛子》训读及研究 /雷欣翰 撰
论语说义 /[清]宋翔凤 撰
周易古经注解考辨 /李炳海 著
浮山文集 /[明]方以智 著
药地炮庄 /[明]方以智 著
药地炮庄笺释·总论篇 /[明]方以智 著
青原志略 /[明]方以智 编
冬灰录 /[明]方以智 著
冬炼三时传旧火 /邢益海 编
《毛诗》郑王比义发微 /史应勇 著
宋人经筵诗讲义四种 /[宋]张纲 等撰
道德真经藏室纂微篇 /[宋]陈景元 撰
道德真经四子古道集解 /[金]寇才质 撰
皇清经解提要 /[清]沈豫 撰
经学通论 /[清]皮锡瑞 著
松阳讲义 /[清]陆陇其 著
起凤书院答问 /[清]姚永朴 撰
周礼疑义辨证 /陈衍 撰
《铎书》校注 /孙尚扬 肖清和 等校注
韩愈志 /钱基博 著
论语辑释 /陈大齐 著
《庄子·天下篇》注疏四种 /张丰乾 编
荀子的辩说 /陈文洁 著
古学经子 /王锦民 著
经学以自治 /刘少虎 著
从公羊学论《春秋》的性质 /阮芝生 撰

刘小枫集
民主与政治德性
昭告幽微
以美为鉴
古典学与古今之争［增订本］
这一代人的怕和爱［第三版］
沉重的肉身［珍藏版］
圣灵降临的叙事［增订本］
罪与欠
儒教与民族国家
拣尽寒枝
施特劳斯的路标
重启古典诗学
设计共和
现代人及其敌人
海德格尔与中国
共和与经纶
现代性与现代中国
现代性社会理论绪论
诗化哲学［重订本］
拯救与逍遥［修订本］
走向十字架上的真
西学断章

编修［博雅读本］
凯若斯：古希腊语文读本［全二册］
古希腊语文学述要
雅努斯：古典拉丁语文读本
古典拉丁语文学述要
危微精一：政治法学原理九讲
琴瑟友之：钢琴与古典乐色十讲

译著
普罗塔戈拉（详注本）
柏拉图四书

经典与解释辑刊

1. 柏拉图的哲学戏剧
2. 经典与解释的张力
3. 康德与启蒙
4. 荷尔德林的新神话
5. 古典传统与自由教育
6. 卢梭的苏格拉底主义
7. 赫尔墨斯的计谋
8. 苏格拉底问题
9. 美德可教吗
10. 马基雅维利的喜剧
11. 回想托克维尔
12. 阅读的德性
13. 色诺芬的品味
14. 政治哲学中的摩西
15. 诗学解诂
16. 柏拉图的真伪
17. 修昔底德的春秋笔法
18. 血气与政治
19. 索福克勒斯与雅典启蒙
20. 犹太教中的柏拉图门徒
21. 莎士比亚笔下的王者
22. 政治哲学中的莎士比亚
23. 政治生活的限度与满足
24. 雅典民主的谐剧
25. 维柯与古今之争
26. 霍布斯的修辞
27. 埃斯库罗斯的神义论
28. 施莱尔马赫的柏拉图
29. 奥林匹亚的荣耀
30. 笛卡尔的精灵
31. 柏拉图与天人政治
32. 海德格尔的政治时刻
33. 荷马笔下的伦理
34. 格劳秀斯与国际正义
35. 西塞罗的苏格拉底
36. 基尔克果的苏格拉底
37. 《理想国》的内与外
38. 诗艺与政治
39. 律法与政治哲学
40. 古今之间的但丁
41. 拉伯雷与赫尔墨斯秘学
42. 柏拉图与古典乐教
43. 孟德斯鸠论政制衰败
44. 博丹论主权
45. 道伯与比较古典学
46. 伊索寓言中的伦理
47. 斯威夫特与启蒙
48. 赫西俄德的世界
49. 洛克的自然法辩难
50. 斯宾格勒与西方的没落
51. 地缘政治学的历史片段
52. 施米特论战争与政治
53. 普鲁塔克与罗马政治
54. 罗马的建国叙述
55. 亚历山大与西方的大一统
56. 马西利乌斯的帝国
57. 日本的近代化与朝鲜战争